母から娘へ。赤い糸が伝える物語

ブルガリア刺繍

山美イレン
Iren Yamami

この本を手にしてくださったみなさんが
ブルガリア刺繍と縁がつながって、とてもうれしいです。

この本によって、より深くブルガリア刺繍を
理解していただけたら良いと思っています。

―― この本を我が孫、維蘭に捧げます。

山美イレン

CONTENTS

България

ブルガリアマップ

北西ブルガリア

美しいドナウ川と山の地方。12世紀にブルガリア北部の都となったヴィディンは、紀元前3世紀から続く都市。3世紀～4世紀に奇妙な岩の中に建てられた古城ベログラッドチックや、紀元前9000年頃に描かれた壁画が見られるマグーラタ洞窟、伝統的で有名なカーペットを17世紀から作っているチプロフチィがある。

北中央ブルガリア

12世紀にブルガリアの都となったヴェリコタルノヴォは、紀元前6000年以上前に造られた町。古代の城と遺跡が有名で、今も当時の伝統を守り続ける古い教会や修道院がある。タルノヴォから南に向かうと11の修道院があり、エタラとボジェンチィの村では今でも昔ながらの生活を続けている。国内有数の伝統的な食器を造っている町トロヤンもこのエリアにある。

北東ブルガリア

スヴェンシュターリには、紀元前3世紀のトラキア時代の墳墓が今も残る。ヴァルナにある紀元前4400年に造られた大規模な共同墓地からは、世界で一番古いトラキア時代の金細工が発掘された。シュメンの東にあるマダラ高原には、紀元前3500年頃に高さ100mの断崖に彫られたレリーフ「マダラの騎士」がある。

南西ブルガリア

ブルガリアの首都ソフィアは、もともと温泉地として有名だった都市。10世紀に造られたリラ修道院や古い教会が数多く残る。古代から続く町、メルニックとロジェンには有名なワイナリーがある。

南中央ブルガリア

アレクサンダー大王の父の名フィリポポリスから付けられた町、プロヴディフにはローマ時代に造られた円形劇場がある。バラの谷として世界的に有名なカザンラック、トラキア人の丸屋根墳墓の天井に描かれたフレスコ画が有名。パナギュリシテでは、トラキア時代の金細工が発掘された。ナレチェンとヒサリャには、有名な温泉がある。

南東ブルガリア

紀元前1000年に造られた港町ネセバルの市内には、教会が41もあり、最も古いものは5世紀に建てられた。ヤムボルにはトラキア時代に造られたローマ帝国の軍事基地がある。ストランジャという山の名が付いた村の住人達は、今でも伝統的な生活様式や儀式を行っている。

ブルガリアの文化と暮らし

井戸の水くみをする女性たち。

ブルガリアの建国は681年。それ以前のトラキア文明の影響を強く受けています。地理的には四季があり、肥沃な土壌に恵まれた土地を持っていたため、19世紀までの主な産業は農業でした。

ブルガリアの伝統的な生活において、家族体系は父系制で一族の繁栄を重んじ、家族一人一人が自分の役割を持って暮らしていました。女性は家事だけでなく、羊毛から糸を紡ぎ、布を織り、刺繍や家族全員の服も作っていました。どの家庭にも畑があり、主に野菜畑や麦畑を、地域によってはぶどう畑や果物畑、綿畑を持っていました。畑で収穫されたものは自分たちの生活のために使い、余った分は物々交換や売って生活をしていました。また、どの家庭でも豚や鶏、牛などの家畜を飼い、食べるためだけではなく、その皮や毛を素材としても活用していました。村には各動物の担当がおり、朝になると動物たちを集めて放牧に行き、夜に各家庭に戻し、乳を搾るのが仕事でした。

1年を通し、さまざまな儀式や祝祭日があり、季節ごとの生活の行事も決まっていました。このような伝統的な生活は、19世紀末の産業化や都会化の影響でどんどん変わっていきました。第二次世界大戦後はさらに衰退していきますが、儀式などの伝統は現在も守られ続けています。

photo by Asen Velikov ／ P.006 ～ 009

1月1日に正月を迎え、新しい太陽が生まれると、男性たちがマスクを被り、町を歩き回り厄払いをします。このマスクを被った男性たちを「クケリ」と呼びます。

小さい男の子もクケリの恰好をし、何人かのグループを作って各家庭をまわります。皆の健康と長寿を祈る歌を歌い、家の人はお礼に「コラチェ」という特別なパンをクケリたちに渡します。

1月8日には「バビンデン」という助産師を祝う日があります。どの村にも助産師がいるので、この日は特別な儀式で祝います。

おばあさんたちが赤ん坊を包んでいるところ。

2月の聖トリフォンの日は、ぶどう畑に行って剪定をし、終わったら皆でワインを飲み歌って踊ります。この伝統儀式は古代トラキア時代から現代まで続いています。

3月は「ババマルタ（3月おばあさん）」と呼ばれ、1日は「マルタニツァ」という赤と白の毛糸で作った紐を手首につけ、コウノトリなどの渡り鳥を見るまでつけたまま過ごします。その年最初の渡り鳥を見たら、リンゴや梅などの実をつける木にマルタニツァを結びます。これは豊作を願って行われます。

手首につける
マルタニツァは、
デザインもさまざま。

3月、生活に重要な羊の毛刈りを行います。

4月は、いくつかの重要な聖人の日があります。「ラザロフデン」という儀式が春にあります。これは、聖ラザーの復活日の儀式。聖ラザーは畑と森、放牧を守る聖人。つまり、ラザロフデンとは、日本でいう「豊穣祈願」のこと。ラザロフデンには、その村の4歳から17歳くらいまでの未婚女性の全員が参加します。参加者を総称してラザルカと呼び、このラザロフデンに参加しないと結婚が難しいと言われています。参加人数によって数グループに分かれ、各グループの16歳までの最年長者で背の高い女の子がリーダーになります。このリーダーのことをボエネックと呼びます。村の家を一軒ずつ回り、健康のために歌い、家の人からお菓子をもらいます。

ラザルカと呼ばれる参加者の女性たち。

イースター（復活祭）は、正教会ではとても重要な日で、崇拝されています。イースター前日の土曜日の夜に教会に行き、教会の周りを3回まわるなどの儀式を行います。キリストが復活する12時になると、教会から特別な燭火をもらい受け、自宅にあるキリストのイコンが飾ってある祭壇にその蠟燭を供えます。イースターの時は、家族みんなが新しい服を着る必要があるため、女性たちは冬の間にみんなの服を作り刺繍を施していました。この刺繍は自分の家族をきれいに見せるため、また自分の刺繍の技術力を見せるために切磋琢磨します。

ブルガリアのさまざまな地方の
民族衣装を着た女性たち。

5月の聖ジョージの日には、イースターの断食が終わり、肉食が解禁されます。神へのいけにえとして奉げられた子羊の丸焼きを食べます。

5月11日は、聖キリルと聖メトディウスという世界のメインの文字のひとつであるキリル文字を作った聖人の祝祭日です。

5月から畑の準備が始まります。

6月3日と4日の夜は、聖コンスタンティンと聖エレナを祝う日。この日に行う「ネスティナリ」は、聖コンスタンティンと聖エレナのイコンを持ち、気の浄化や健康を願って火のついた炭の上を歩き回るという特別な儀式。これは、ユネスコ無形文化遺産に登録されています。

火渡り舞踊、ネスティナルカ（女性）。

6月24日の「エニョフデン」では、夏至の太陽の力を使った儀式を行います。女性たちがハーブを摘みに行き、そのハーブで薬を作ります。

6月は、ほかにも「バラの日」があり、「バラの女王」を決めるイベントが毎年開催されます。ブルガリアのダマスクローズは世界的にも有名で、そのバラから採られたローズオイルは高値で取引されています。

美しいバラ畑。

聖ピーターと聖パウエルの日には、祭りが開催されています。

7月は、聖イリアの日があります。一番暑い時期は、火のついた馬車に乗った聖イリアが空を走っているという伝説があります。

8月は聖マリアの日があり、盛大に祝われています。

夏の時期の畑仕事は、家族全員で行います。特に麦畑は雹が降ると大変なので、妊婦でさえも駆り出されて作業をします。

麦刈りの時期は
10月です

8月から10月にかけては、冬に向け、すべての農作物を収穫し倉庫に格納します。果物は、干したりジャムにして保存。野菜は日持ちするものは冷暗所に保管し、日持ちしないものは漬物に加工します。すべての作業を10月26日の聖ディミトリの日までに終わらせるため、5月7日の聖ジョージの日から、10月26日までの期間は畑仕事と冬に向けての食べ物を収穫しなくてはいけませんでした。それが終わった10月26日から5月7日までは楽しい時期とされ、畑仕事もなく家事も少ないので、女性は家事や織物や編み物、服を作って刺繍をして過ごします。その間、男性は家畜の世話や麦を挽き小麦粉にするなどの作業をします。

年上の女性が年下の女性に毛糸の紡ぎ方を教える。

若い人たちは友人同士やご近所同士で集まり、一緒に作業をしたり、歌ったり踊ったりして過ごします。この集まりには男女の出会いの場の役割があり、この時期に多くの結婚が行われます（結婚式の様子はP.010へ）。

織物を織っているところ。

若い女性が集まり、
仕事をしながら楽し
くおしゃべり。

雪に覆われる12月。旅人と船乗りを守る「聖ニコラスの日」は、クルミを詰めた鯉の丸焼きを食べます。キリストの誕生日であるクリスマスは、ブルガリア語で「コレダ」といい、この日は家族で集まって特別な料理を食べます。コインを入れたピタというパンを焼き、食べるときは祈ってから最年長者がちぎって配ります。1番目は聖母マリアに、2番目は家に、そのあとは年齢の高い順に配ります。パンの中にコインが入っていた人は、次の年お金に恵まれるといわれています。

伝統の踊りで祝う ブルガリアの結婚式

3

結婚衣装も手作り♡

1 花嫁と友人の結婚式前のお別れ会。 2 伝統舞踊「ホロ」は、手をつないだりしながら踊るのが特徴。花嫁の家の庭先にて。 3 結婚する新郎と新婦。 4 結婚式で必ず行われる、伝統舞踊「ホロ」。 5 結婚式の食事会。

1

2

4

5

母から娘へ受け継がれていく ブルガリア刺繍という名の物語

紀元前14～12世紀頃のフィギュア。

ブルガリア刺繍の歴史

ブルガリアの刺繍の歴史は、7－8世紀のはじめ、つまりブルガリアの建国の頃から始まります。一番古い文献としては、西暦445～447年にかけて、テオドシ2世の特別な使命を受けアティラのもとへと派遣された、ギリシャの歴史家プリスクによって書かれたものが残っており、彼がアティラ城を訪問したとき、城ではアティラの妻と一緒にスラヴ人の若い女性(処女)たちが王室用の美しい衣装に刺繍をしていたと報告しています。ブルガリアの刺繍は、トラキア神話とスラヴおよび古代ブルガリアの刺繍文化が混ざり合ったものといえます。1969年に北西ブルガリアのオルソヤという村の大きな共同墓地で343体のフィギュアが発見されました。フィギュアの模様は、現代の民族衣装の模様と似ています。

photo by Asen Velikov／結婚式、Nikolai Genov／P.010 ～ 011

ブルガリア刺繍の赤は、血と命の色

ブルガリアは二つの民族地域に分かれています。東部では生地の白い衣服が好まれ、西部では生地の黒い衣服が好まれます。衣服は男性用、女性用ともに、普段着も含め、その目的に合わせてさまざまな刺繍に包まれています。衣服の素材は、綿、麻、毛糸、絹、フェルトです。

刺繍技術は母親から娘へと受け継がれてきたため、時代とともに新しい形状を取り入れ種類が豊富になりましたが、その色使いには大きな象徴的な意味があるため変化することはありませんでした。昔はそのデザインを書き留めておくことができなかったので、それぞれの衣服が個々を物語っています。私は、それらは一冊の小さな小説といえると思います。なぜなら、刺繍をした女性の夢や希望、そして美しさが含まれているからです。

さまざまな儀式に対応して、衣服はお祓いと希望を表現しています。特に大切なのは結婚衣装で、その刺繍には長寿、子孫繁栄、魔除けおよび健康などの多くのシンボルを含んでいます。ブルガリアの刺繍を代表する色は、赤です。それは血および命の色であり、死後も大きな守護力があると信じられています。刺繍された結婚衣装は大切に保管され、2度目に着るときは、唯一持ち主の葬儀時のみとされていました。スラヴ人は、あの世ではそれまで着ていた服によって、人間であるかどうかが識別されると信じられていました。

ブルガリアでは、古代宗教の習慣と神々は、新たに受け入れられたキリスト教と共存しているというユニークな事実があります。例えば、これらの神々のうちベンディーダという女神は、多岐に渡りブルガリアの刺繍に描かれています。この女神の守護神のシンボルは、姑が若い花嫁を新居へ案内するために使われるタオルに見ることができます。

ブルガリアの刺繍は、主に衣服の開いているところ（胸元、袖口、裾口、スカートの裾）に施されていますが、これは装飾のためだけではありません。より大切なことは、着ている人の体と心を守る意味があるということです。衣服の開いているところは、病気や悪意の入り得る入口と考えられていました。人間の体の大事な部分である胸部、腕の筋肉部分は集中的に魔除け用の刺繍で覆われています。同様な魔除け用の刺繍は、新生児を包む布、ベッド、イコン、窓、パンあるいは時々家畜用にも用いられました。

刺繍のモチーフに込められた意味

ブルガリアの刺繍のモチーフは、すべての魔除け、健康、長寿、愛、子沢山、豊作など形式的なシンボルからなっているので、非常に興味深いです。継続的な模様は、それらの願いを強める意味と力があります。模様の力は、その願いの正確さによります。そうでなければ、その守護力が失われたり、減少したりするからです。

ほとんどのモチーフには、女神が描かれています。多くの場合、女神には名前がありませんが、それは家族を授かることや子孫繁栄の始まりである女性を表現しているからです。

刺繍によく使われているモチーフは、角がある女神、手を挙げる女神、動物に乗る女神、命の木、ライオン、母親と娘、花と動物などがあります。

デベタキ洞窟で見つかった紀元前1万年の食器の一部。

卍の印は世界で一番古くて不思議な印の一つです。古代ヨーロッパ、アジア、15世紀以前のアメリカ大陸でも使われていました。卍の印はブルガリアの刺繍において女性用のモチーフとしてよく用いられています。ロシアやウクライナ、ギリシアの刺繍にも用いられています。ヨーロッパの文化では、卍は太陽の意味をもっています。線の部分は太陽の光の環を意味し、人生のサイクルを表現しています。その意味で、女神とつながっていて、女神から命を授かるという意味と言えます。P.010のフィギュアの首の後ろにも卍が彫られています。

✣ Chapter 1 ✣

СЕВЕРОЗАПАДНА БЪЛГАРИЯ

北西ブルガリア

01

［図案 P.050］

女性用シュミーズ
胸元部分の刺繍

02

［図案 P.051］

女性用シュミーズ
胸元部分の刺繍

 Embroidered by Iren Yamami／山美イレン／01、Kaori Fujioka／藤岡かおり／02

03

[図案 P.052]

女性用シュミーズ
袖周りの刺繍

Embroidered by Akiko Ito ／伊藤明子

04

[図案 P.054]

女性用シュミーズ
胸元部分の刺繍

05

[図案 P.057]

女性用シュミーズ
裾周りの刺繍

Embroidered by Chikako Shimomura ／下村知佳子／ 04、Iren Yamami ／山美イレン／ 05

06

[図案 P.058]

女性用シュミーズ
袖周りの刺繍

Embroidered by Akiko Ito ／伊藤明子

✣ Chapter 2 ✣

СЕВЕРНА БЪЛГАРИЯ ЦЕНТРАЛНИ РАЙОНИ

北中央ブルガリア

07

[図案 P.060]

男性用シャツ
胸元部分の刺繍

Embroidered by Kaori Fujioka／藤岡かおり

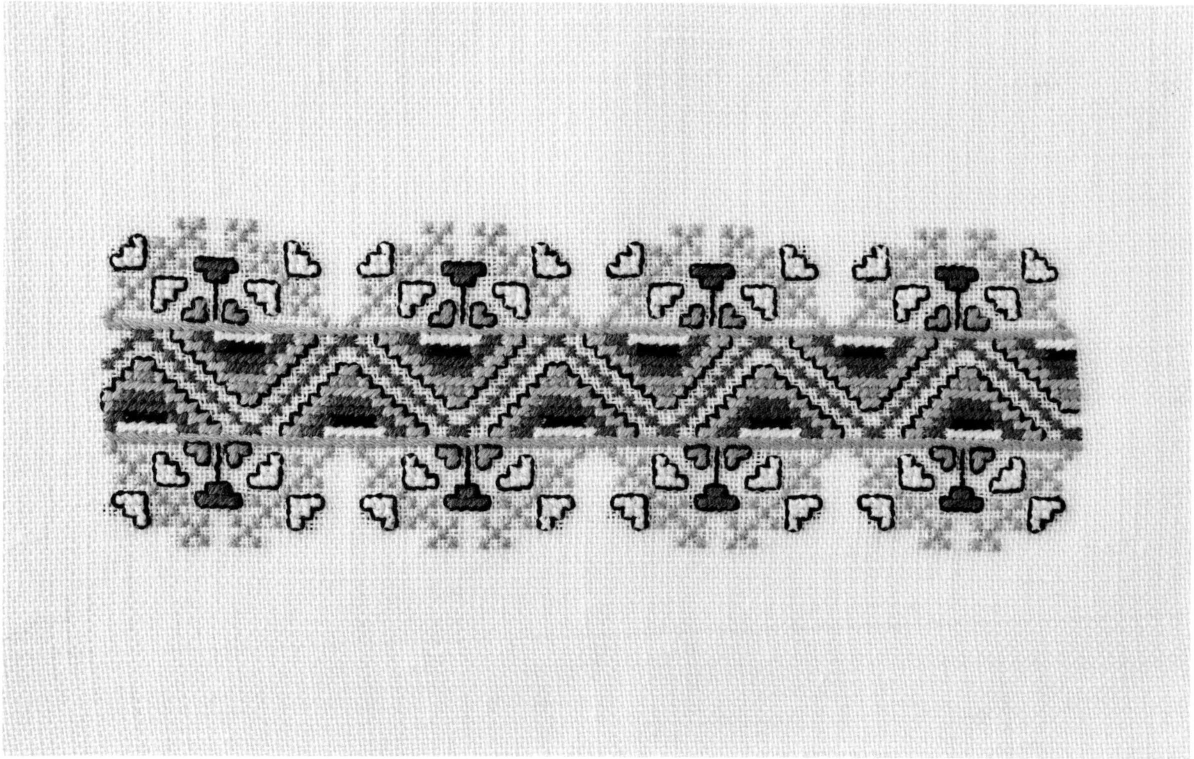

08

[図案 P.061]

女性用シュミーズ胸元部分の刺繍

09

[図案 P.064]

女性用シュミーズ
裾周りの刺繍

Embroidered by Iren Yamami ／山美イレン

10
［図案 P.062］

女性用シュミーズ裾周りの刺繍

11
［図案 P.062］

女性用シュミーズ裾周りの刺繍

Embroidered by Harumi Ishiwata ／石渡治美／ 10、Bozhana Slaveva ／ボジャナ スラヴェヴァ／ 11

12

[図案 P.065]

女性用シュミーズ
胸元部分の刺繍

13

[図案 P.065]

女性用シュミーズ
胸元部分の刺繍

✣ Chapter 3 ✣

СЕВЕРОИЗТОЧНА БЪЛГАРИЯ

北東ブルガリア

14

［図案 P.066-072］

女性用シュミーズ
胸元部分、
袖周り、裾周りの刺繍

男性用シャツ胸元の刺繍

儀式用織物小物の刺繍

Embroidered by Iren Yamami ／山美イレン

15

［図案 P.073］

女性用シュミーズ
裾周りの刺繍

16

［図案 P.078］

女性用エプロンの
刺繍

Embroidered by Kaori Fujioka／藤岡かおり／15、Iren Yamami／山美イレン／16

17

［ 図案 P.074 ］

女性用エプロンの
刺繍

18

［ 図案 P.076 ］

女性用シュミーズ
裾周りの刺繍

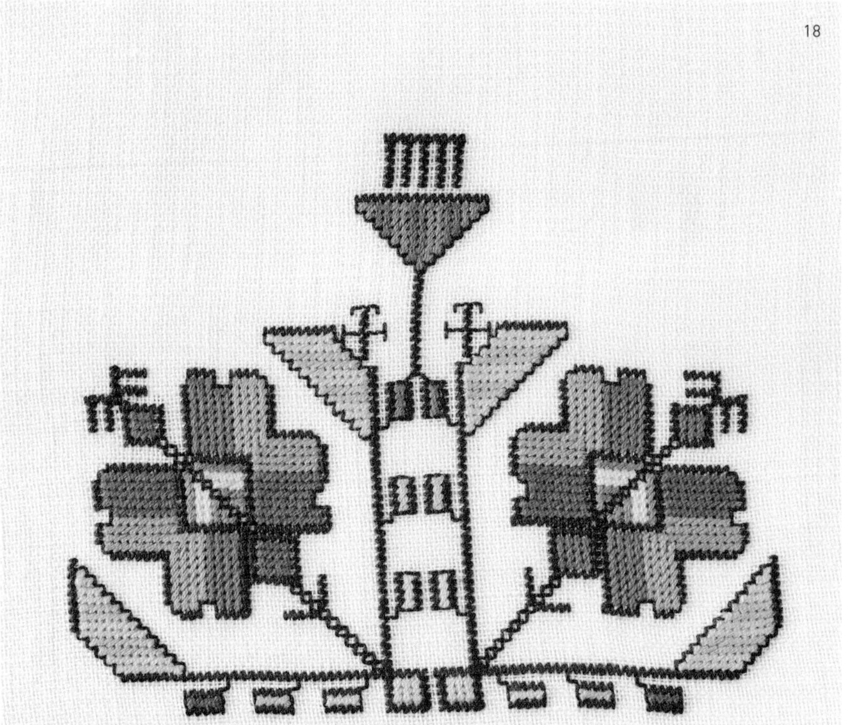

Embroidered by Iren Yamami ／山美イレン／ 17、Akiko Ito ／伊藤明子／ 18

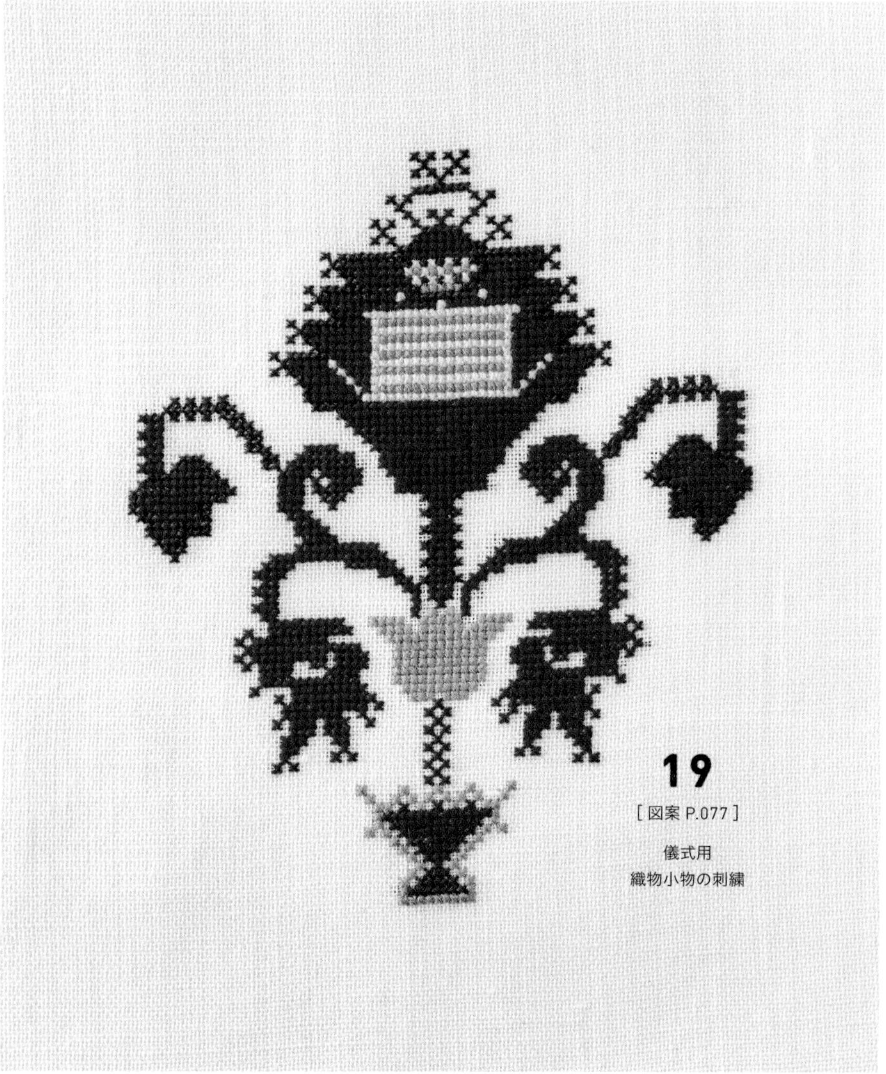

19
［図案 P.077］
儀式用
織物小物の刺繍

20

[図案 P.078]

女性用シュミーズ
胸元部分の刺繍

Embroidered by Iren Yamami ／山美イレン

21

[図案 P.080]

女性用シュミーズ
胸元部分の刺繍

 Embroidered by Akiko Ito／伊藤明子

✣ Chapter 4 ✣

ЮГОЗАПАДНА БЪЛГАРИЯ

南西ブルガリア

22

[図案 P.084]

女性用シュミーズ裾周りの刺繍

23

[図案 P.085]

女性用シュミーズ裾周りの刺繍

24

[図案 P.085]

女性用シュミーズ裾周りの刺繍

 Embroidered by Kaori Fujioka ／藤岡かおり／ 23、Chikako Shimomura ／下村知佳子／ 24

25

[図案 P.086]

女性用シュミーズ裾周りの刺繍

26

[図案 P.086]

女性用シュミーズ裾周りの刺繍

 Embroidered by Kaori Fujioka／藤岡かおり

27

[図案 P.088]

女性用シュミーズ
胸元部分の刺繍

28

[図案 P.091]

女性用シュミーズ胸元部分の刺繍

29

[図案 P.092]

女性用シュミーズ裾周りの刺繍

 Embroidered by Akiko Ito ／伊藤明子／ 28、Iren Yamami ／山美イレン／ 29

30

[図案 P.094]

女性用シュミーズ
裾周りの刺繍

31

[図案 P.092]

女性用シュミーズ胸元部分の刺繍

Embroidered by Kaori Fujioka ／藤岡かおり／ 30、Iren Yamami ／山美イレン／ 31

32
［図案 P.095］
女性用シュミーズ
胸元部分の刺繍

33
［図案 P.096］
男性用シャツ
袖部分の刺繍

Embroidered by Kimiyo Ikeda ／池田きみよ／ 32、Rie Honma ／本間りえ／ 33

34

[図案 P.096]

女性用シュミーズ裾周りの刺繍

35

[図案 P.098]

女性用シュミーズ裾周りの刺繍

36

[図案 P.100]

女性用シュミーズ
裾周りの刺繍

37

[図案 P.102]

女性用シュミーズ
裾周りの刺繍

38

［図案 P.100］

女性用シュミーズ
裾周りの刺繍

39

［図案 P.102］

女性用シュミーズ
裾周りの刺繍

Embroidered by Kaori Fujioka ／藤岡かおり／ 38、Bozhana Slaveva ／ボジャナ スラヴェヴァ／ 39

Chapter 5

ЮЖНА БЪЛГАРИЯ ЦЕНТРАЛНИ РАЙОНИ

南中央ブルガリア

40

[図案 P.107]

女性用シュミーズ
胸元部分の刺繍

 Embroidered by Harumi Ishiwata／石渡治美

41

[図案 P.104]

女性用シュミーズ裾周りの刺繍

42

[図案 P.104]

女性用シュミーズ裾周りの刺繍

Embroidered by Akiko Ito ／伊藤明子／ 41、Iren Yamami ／山美イレン／ 42

43

[図案 P.108]

女性用シュミーズ裾周りの刺繍

44

[図案 P.110]

女性用スクマン(ワンピース)の
裾部分の刺繍

Chapter 6

ЮГОИЗТОЧНА БЪЛГАРИЯ

南東ブルガリア

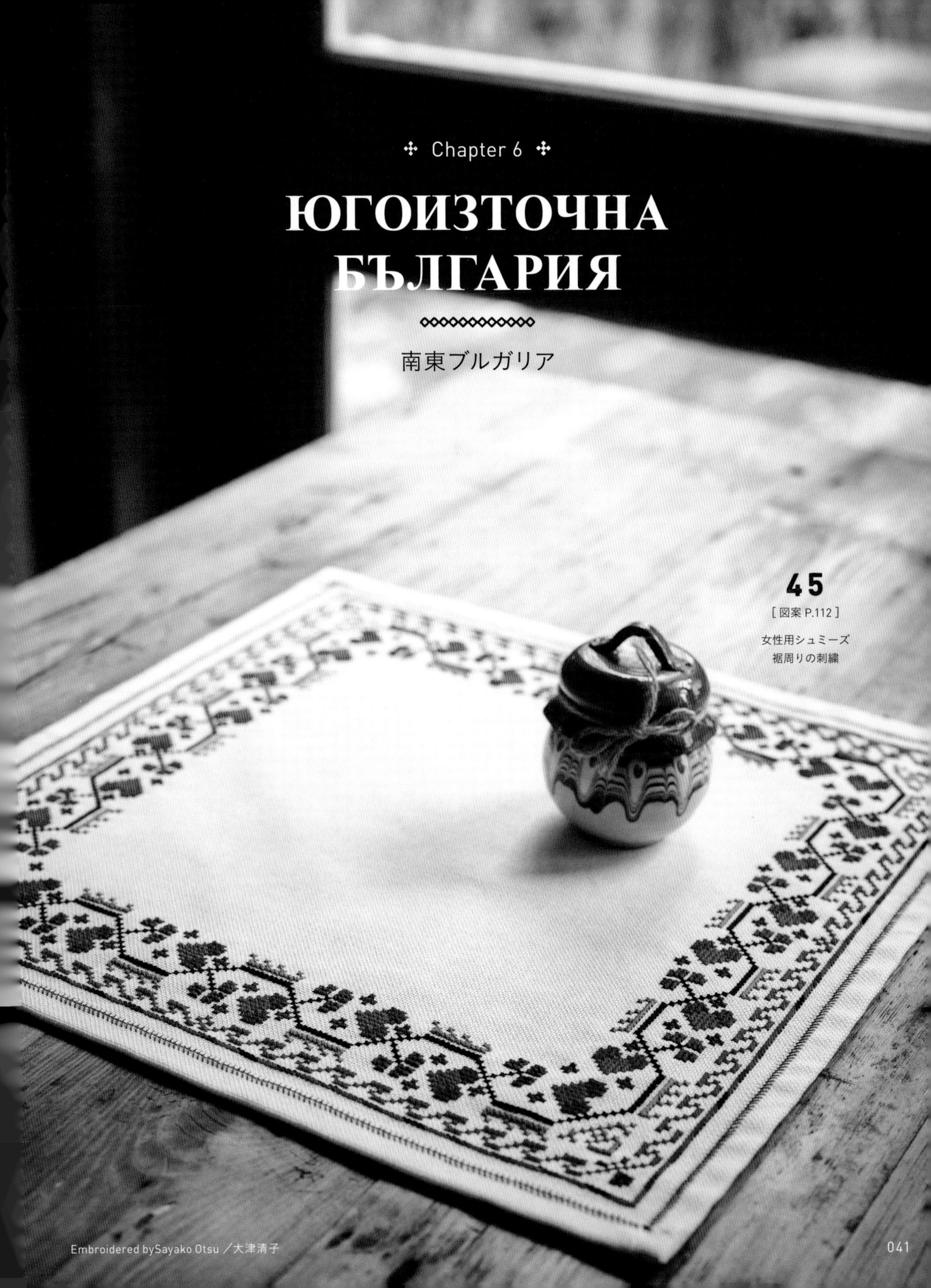

45

[図案 P.112]

女性用シュミーズ
裾周りの刺繍

Embroidered bySayako Otsu ／大津清子

46
［図案 P.116］
女性用シュミーズ
胸元部分の刺繍

 Embroidered by Iren Yamami ／山美イレン

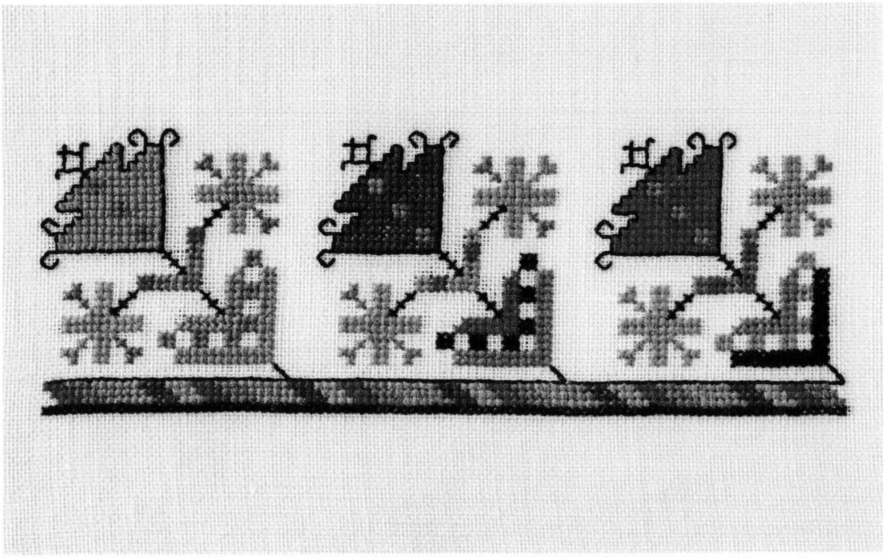

47

[図案 P.114]

女性用シュミーズ裾周りの刺繍

48

[図案 P.114]

女性用シュミーズ裾周りの刺繍

49

[図案 P.117]

女性用スクマン(ワンピース)の
裾部分の刺繍

50

[図案 P.118]

女性用シュミーズ
胸元部分の刺繍

ブルガリア刺繍の道具

刺繍糸

本書では、DMC25番糸、DMC金糸 Diamantを使用しています。ミシン糸は、布目を数えるガイドや布端を縫ってほつれ止めとして使います。

針・指ぬき・糸通し・はさみ

針は、DMCクロスステッチ針26号、DMCタペストリー針24号を使用。糸通しは、さまざまな糸に対応できる「DMCオーガナイザー糸通し器」が便利。

布地

縦糸と横糸が均一に揃っている布地が最適。本書では、DMCの刺繍布「リネン 28カウント」を使用(白/B5200、コバルトブルー/926、ナチュラル/842、赤/306)を使っています。布目のガイドは、10目ごとに印をつけると数えやすくなります。

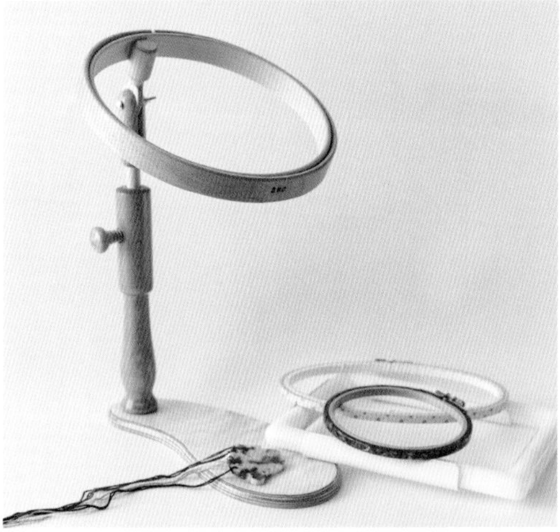

刺繍枠

刺繍枠は、ラウンド形やスクエア形など、持っているものでOK。木製の刺繍枠の場合、内枠に布を巻いておくと、布に枠の跡がつきにくくなります。「DMC刺しゅう枠(スタンド付)」は両手がフリーに使えるのでおすすめ。

ブルガリア刺繍のステッチ

【材料】

布　DMCリネン28カウント

糸　DMC25番糸、DMC12番糸、DMC金糸Diamant

針　タペストリー24号、クロスステッチ26号

【刺繍をはじめる前に】

- P.050～の各図案に使用しているステッチは、**1**～**8**のステッチ番号で表示しています。
- 刺繍はすべてDMC25番糸の2本取りで行います。バックステッチも2本取りで刺繍をやりながら同時に刺していきます。金糸のバックステッチは1本取りで行います。
  ※黒のバックステッチは、DMC12番糸もおすすめです。
- 布の縦糸2本、横糸2本を1目として数えます。
- 布のサイズは刺繍部分＋上下左右8cmの大きさが必要です。テーブルクロスの縁にかぎ針編みをする場合は＋12cm、ヘムステッチをする場合は＋20cmの布を用意しましょう。
- テーブルクロスは幾何学模様なので、ご自身のテーブルに合わせて作成できます。
- 大きくしたいときは、モチーフの色の順番を守って、繰り返し刺してください。

1
クロスステッチ

東ヨーロッパと西ヨーロッパとではクロスステッチのクロスの重ね方が違います。2のスラントステッチの向きによって、クロスの重ね方が変わってきます。

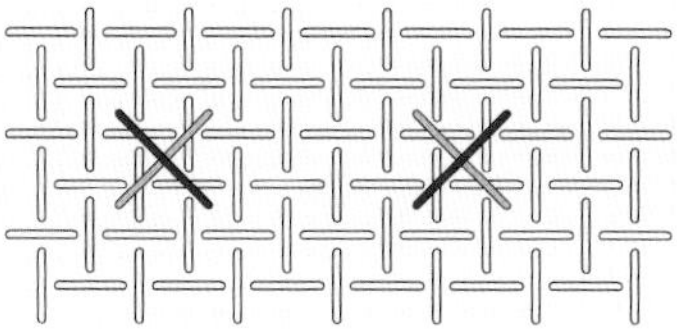

2
スラントステッチ

スラントステッチは、ブルガリア刺繍の代表的なステッチ。ステッチは1列ずつ進みます。次の列にスムーズに進むためには、刺しはじめの箇所が重要なので、よく考えましょう。

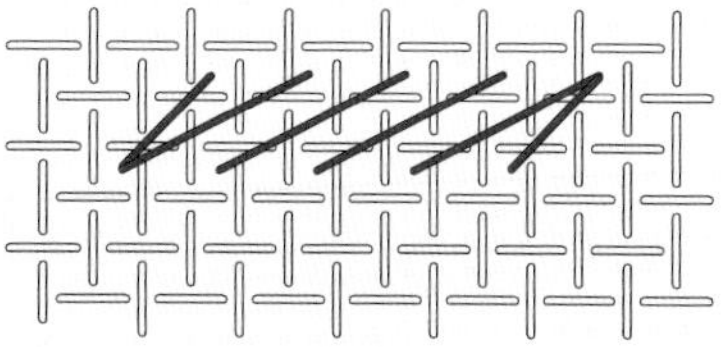

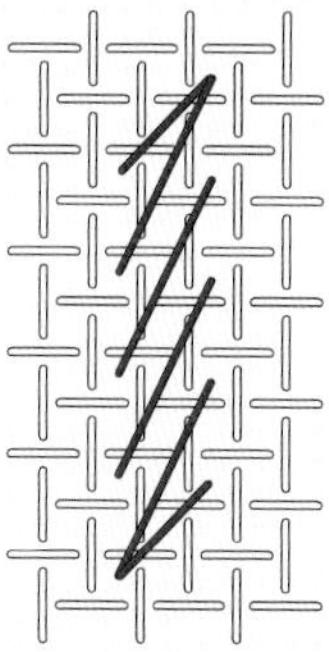

スラントステッチで角を作るときの刺し方。布目が粗い場合は、黄色の部分のステッチも足しましょう。

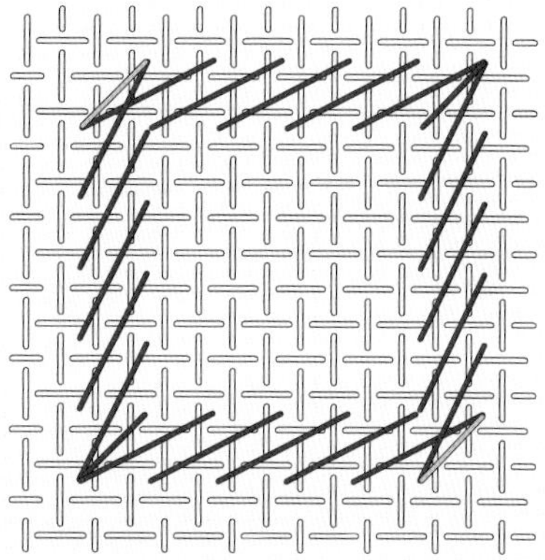

スラントステッチを2色並べるときの刺し方。斜めのステッチは2目、間隔は1目で刺します。

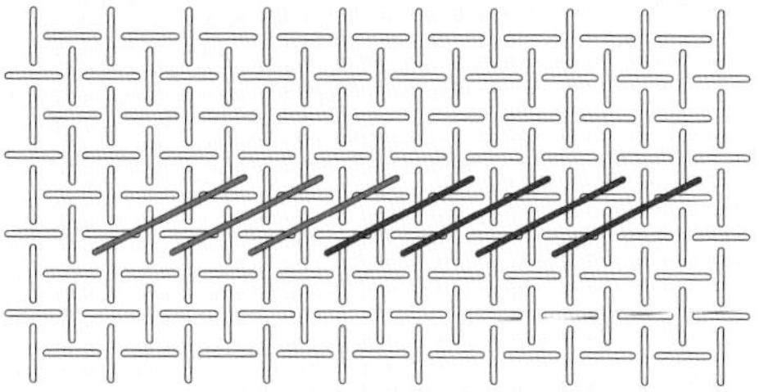

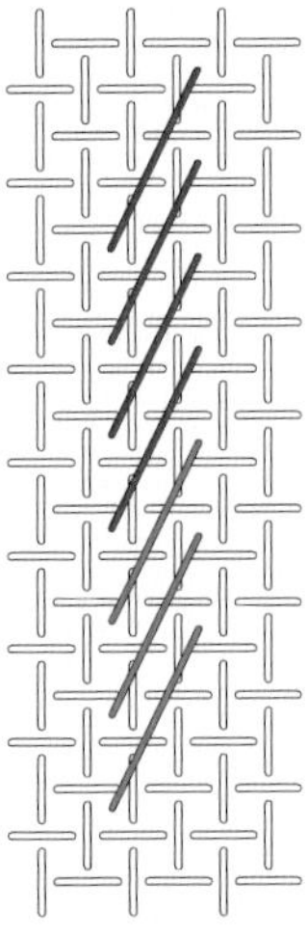

※図案では、連続する斜めの線で表しています。

3
芯入りスラントステッチ

刺し方は**2**のスラントステッチと同じですが、はじめに芯になる黄色部分を斜め方向に1列分刺します。このステッチは縦と横どちらにも進むことができます。

※わかりやすいように、2目ステッチの図にしていますが、実際は1目で刺します。

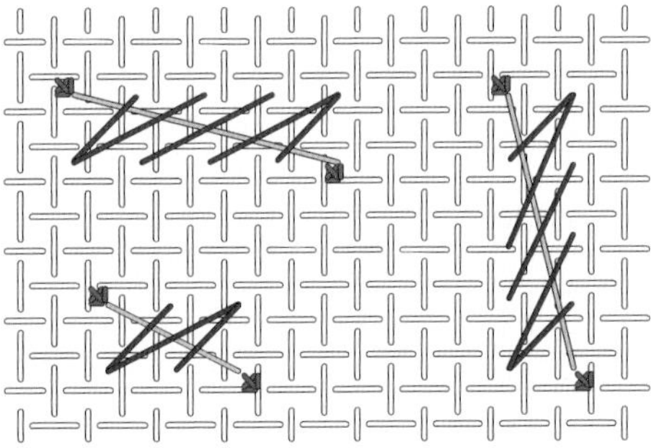

スラントステッチを刺しながら、シングルクロスステッチを刺すときの刺し方。

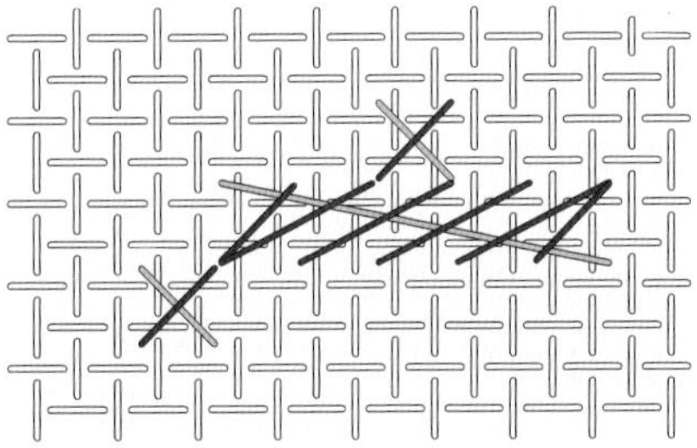

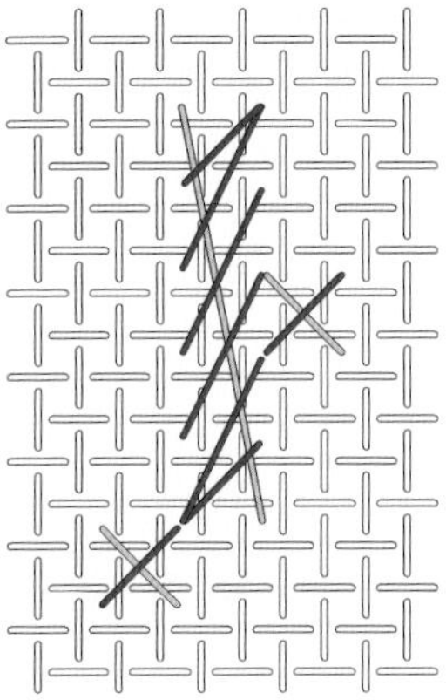

※図案では、**1**クロスステッチと**3**芯入りスラントステッチを四角の目で表しています。両方使用する図案の場合、連続する目や面を芯入りスラントステッチで埋め、1目だけの部分のみクロスステッチで刺します。

列の刺し終わりと、次の列の刺しはじめが同じ針穴になる場合は、三つの方法があります。

ブルガリア刺繍では、はじめにバックステッチでアウトラインの形を作ります。その内側は、先に斜めの芯部分を刺し、スラントステッチを刺していきます。

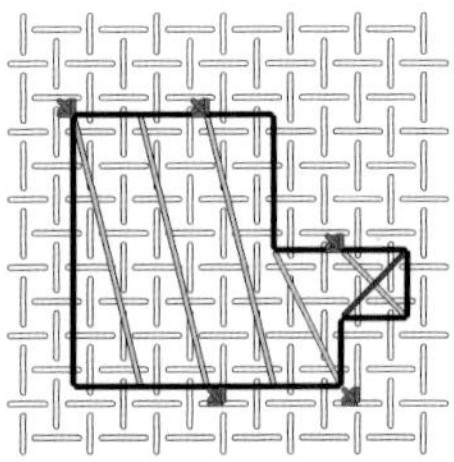

図案にバックステッチがない場合は、1列目の芯入りスラントステッチを刺し、次に3列目の芯入りスラントステッチ、次に2列目の芯入りスラントステッチという順番で刺していきます。

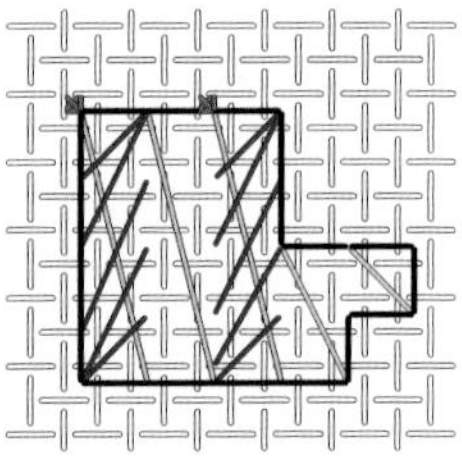

図案にバックステッチがなく、刺す面が狭い場合は、1列目の芯入りスラントステッチを刺し、2列目の斜めの短いステッチを刺したあと、2列目の芯入りスラントステッチを刺していきます。

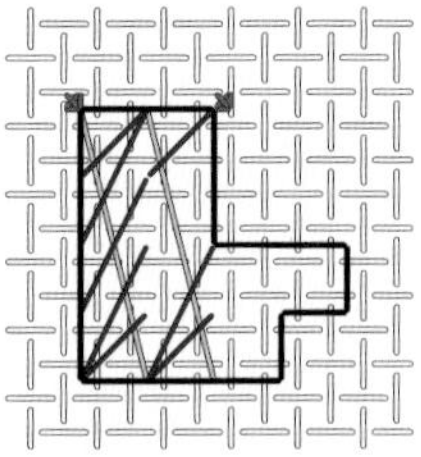

4
バックステッチ

ブルガリア刺繍では、はじめにバックステッチでアウトラインの形を作ります。

ランニングステッチで進み、糸の隙間を埋めながらランニングステッチで戻ります。

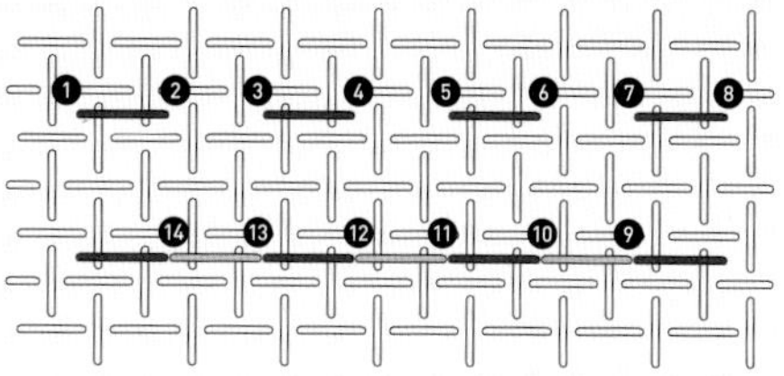

5
サムコフバックステッチ

❶から針を出し、❷に針を入れ、❸から針を出し、❹(❷)に入れ、❺(❸)から針を出し、❻に入れる。これを繰り返していく。裏側は、下の図のようになります。

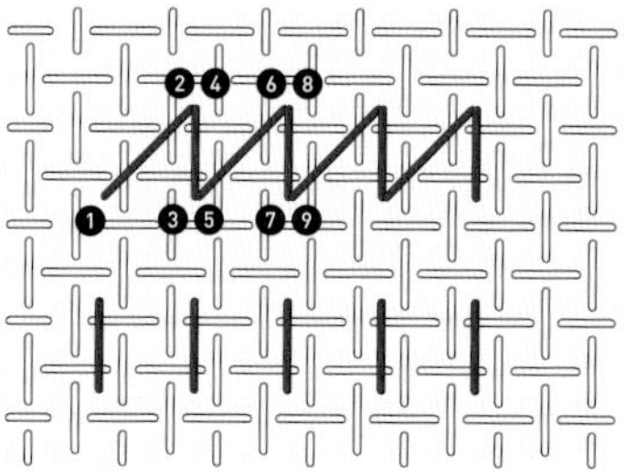

サムコフバックステッチから4のバックステッチに変わる場合もあります。

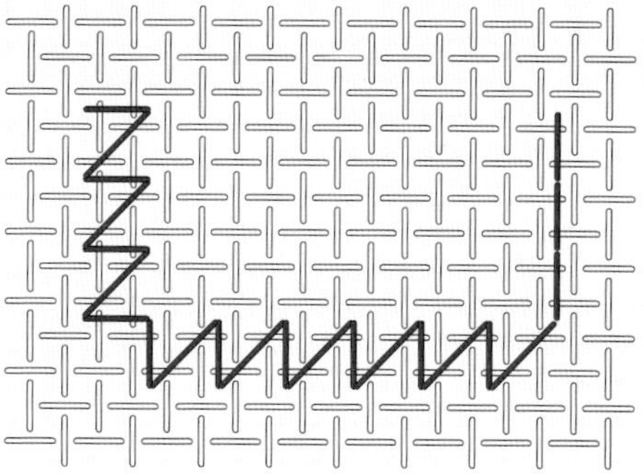

※ **4** バックステッチ、**5** サムコフバックステッチ、**6** ストレイトステッチを使用する図案は、糸番号横に線を引いています。

6
ストレイトステッチ

図案の通りに縦方向、横方向にまっすぐ刺していきます。シャープな角がある図案の場合、ストレイトステッチで刺すことがあります。

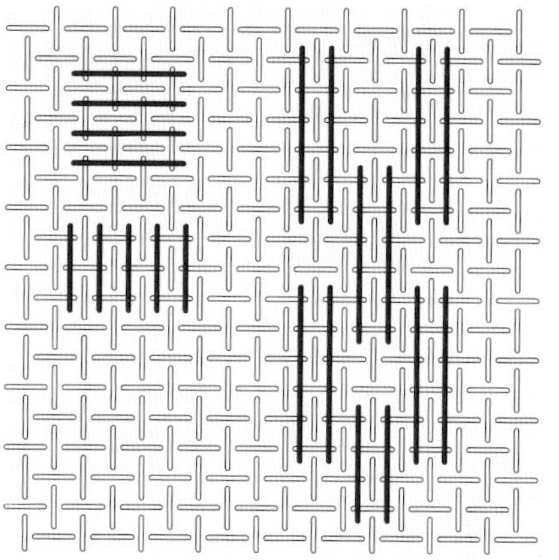

7
ブリックステッチ

刺し方は6のストレイトステッチと同じですが、同じ目の数(偶数)ずつずらし、(偶数の中心の位置)に階段状に刺していきます。角の部分は、刺し目が中心に来るように短い長さ(偶数)で刺します。

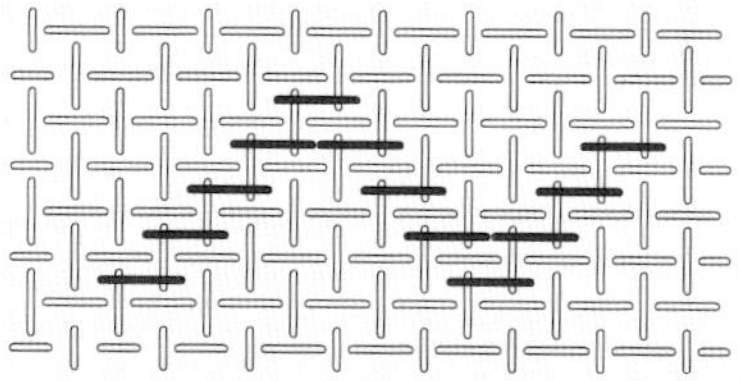

8
スミルナクロスステッチ

２目のクロスステッチを刺し、ステッチの間に針を出し、上にクロスステッチを重ねて刺します。

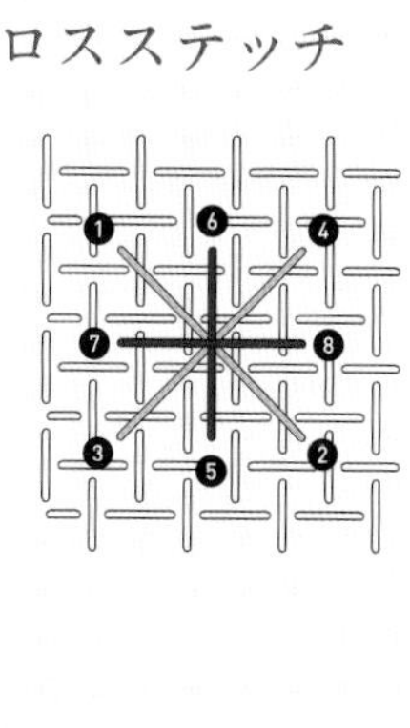

01

[写真 P.012]

ステッチ

1

使用糸

○ DMC 321番

• DMC 310番

02

[写真 P.012]

ステッチ

1

使用糸

○ DMC 321番

• DMC 310番

※図案は
四角いクロスの
角の部分です。

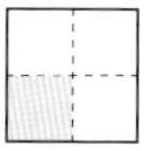

03

[写真 P.013]

ステッチ

1 2 3 4

使用糸

○ DMC blanc	◑ DMC 725番	⊚ DMC 905番
• DMC 606番	▮ DMC 801番 ——	◁ DMC 3809番

04

[写真 P.014]

ステッチ

13

使用糸

- • DMC 666番
- □ DMC 937番
- Y DMC 3809番
- ○ DMC 796番
- / DMC 3803番

ARRANGE

図案04のアレンジ

ステッチ

1 2 3

使用糸

- • DMC 666番
- ○ DMC 796番
- □ DMC 937番
- ／ DMC 3803番
- Y DMC 3809番

※図案は
四角いクロスの
角の部分です。

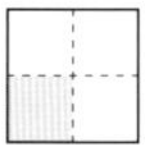

05

[写真 P.014]

ステッチ

1 3 4

使用糸

- DMC 310 番
- DMC 335 番
- DMC 581 番
- DMC 725 番
- DMC 996 番

06

[写真 P.015]

ステッチ

1 3 4

使用糸

- DMC 304番
- DMC 310番
- DMC 312番
- DMC 726番
- DMC 937番

EXTRA

おまけの図案

ステッチ

1 3

使用糸

- Y DMC 310番
- I DMC 349番
- ꝏ DMC 444番
- \ DMC 470番
- ○ DMC 825番
- □ DMC 893番

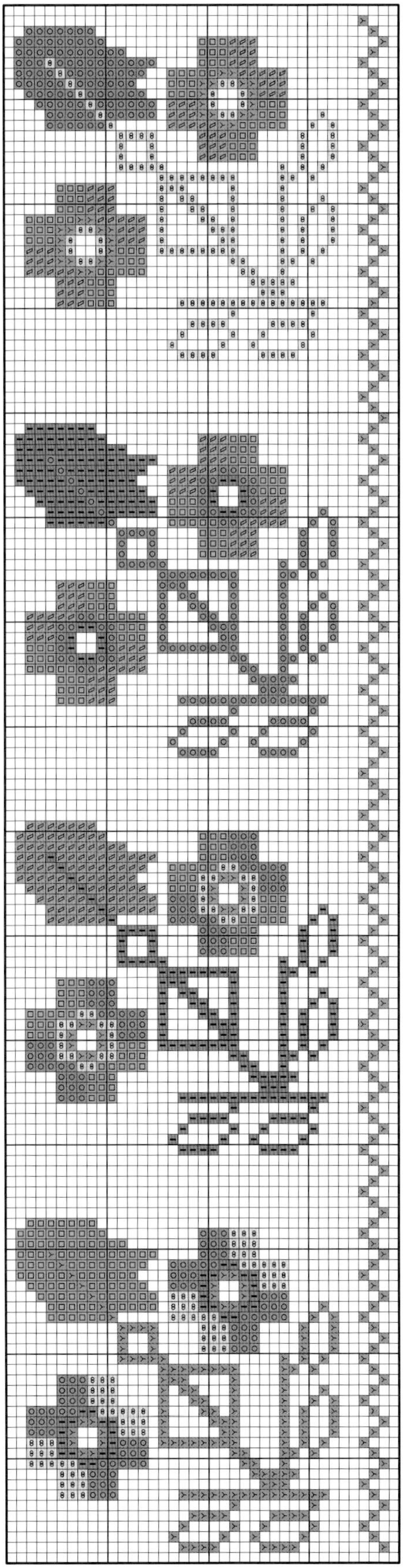

07

[写真 P.016]

ステッチ

1 2 3

使用糸

- DMC 666 番
- DMC 725 番
- DMC 799 番
- DMC 816 番
- DMC 906 番

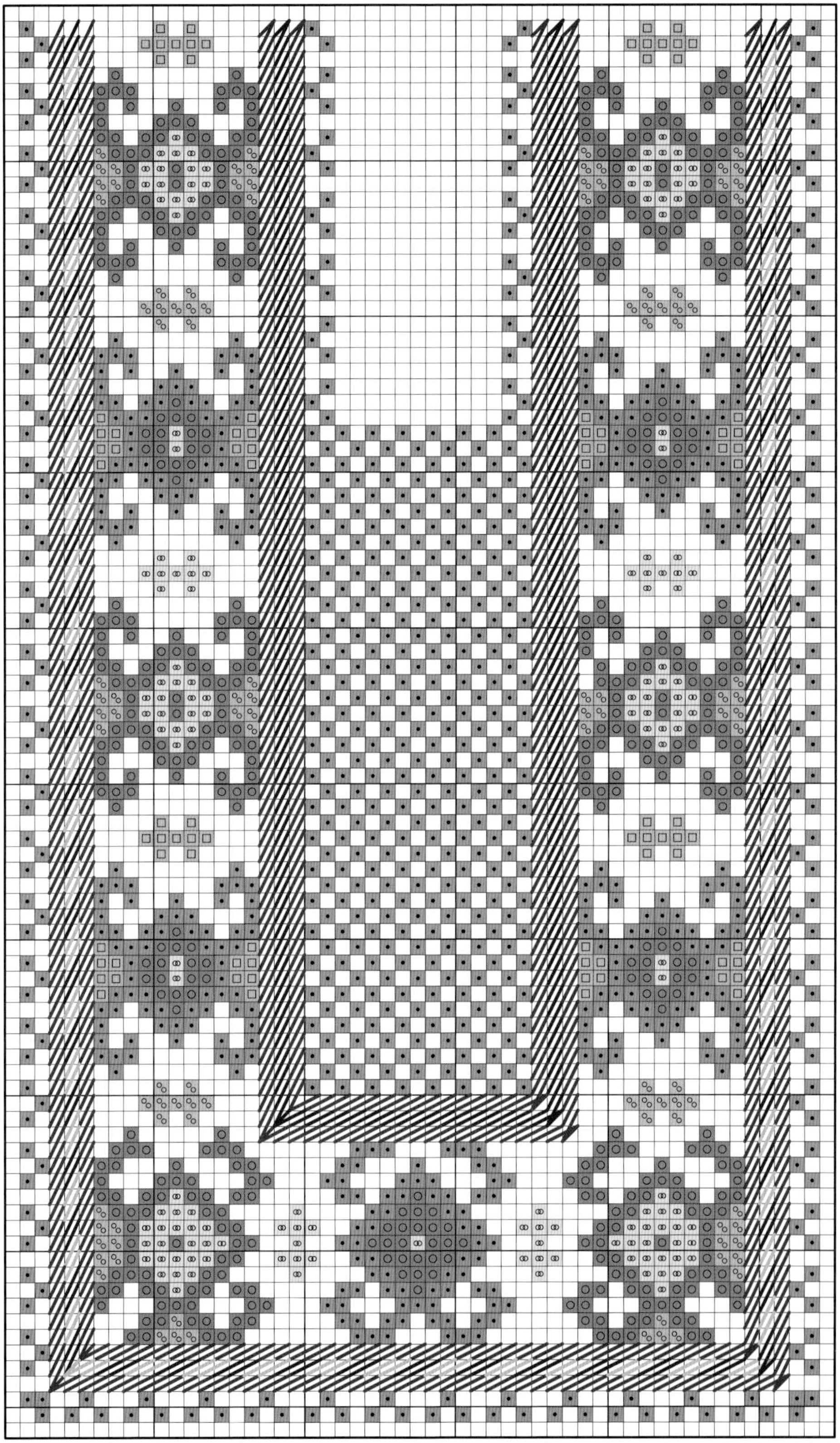

08

[写真 P.017]

ステッチ

1 3 4

使用糸

- DMC blanc
- DMC 310番 ——
- DMC 312番
- DMC 741番
- DMC 3326番

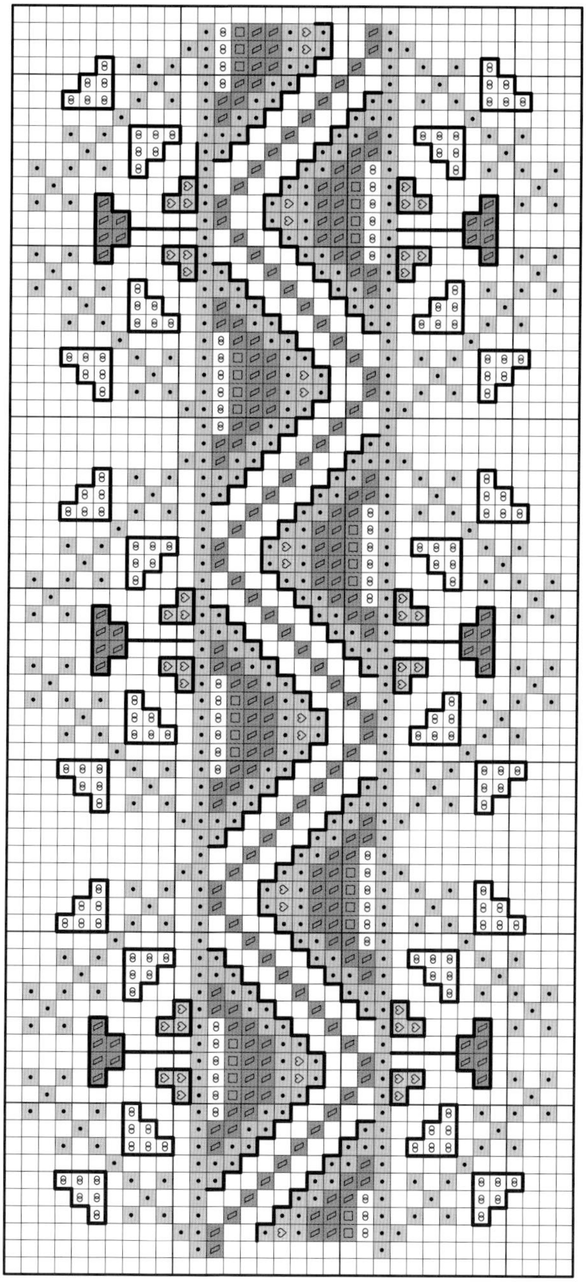

10

[写真 P.019]

ステッチ

1 2 3 4

使用糸

- DMC 310番
- DMC 312番
- DMC 321番
- DMC 701番
- DMC 3820番

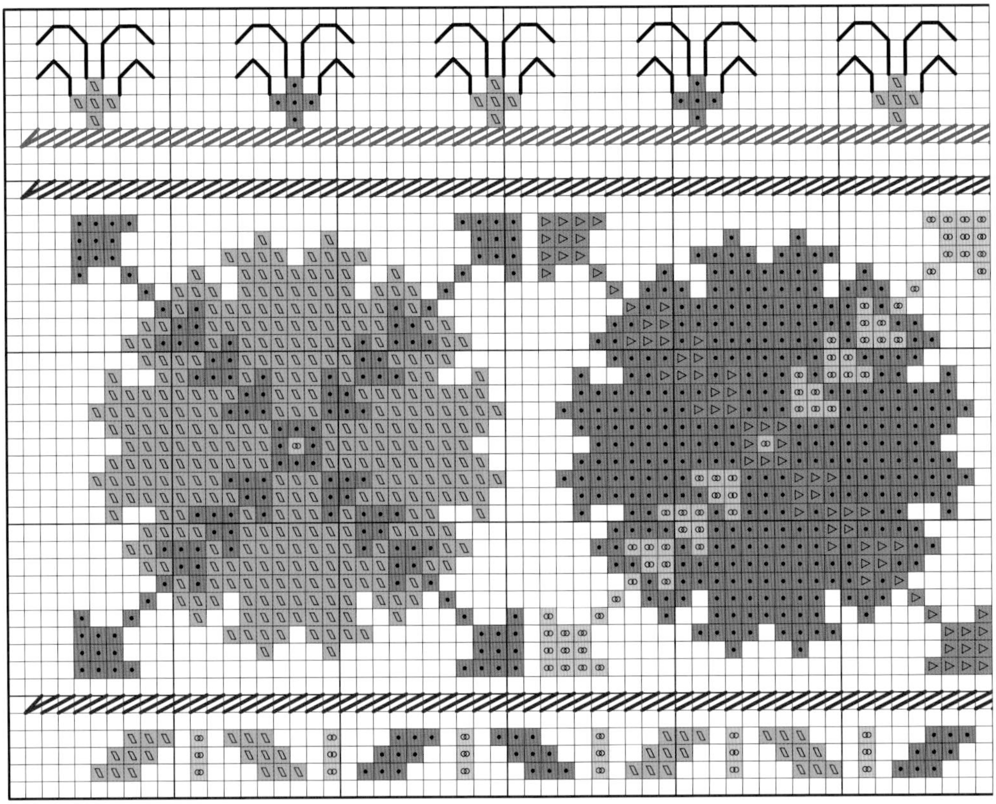

11

[写真 P.019]

ステッチ

1 2 3 4

使用糸

- DMC 603番
- DMC 702番
- DMC 743番
- DMC 840番
- DMC 3371番
- DMC 3807番

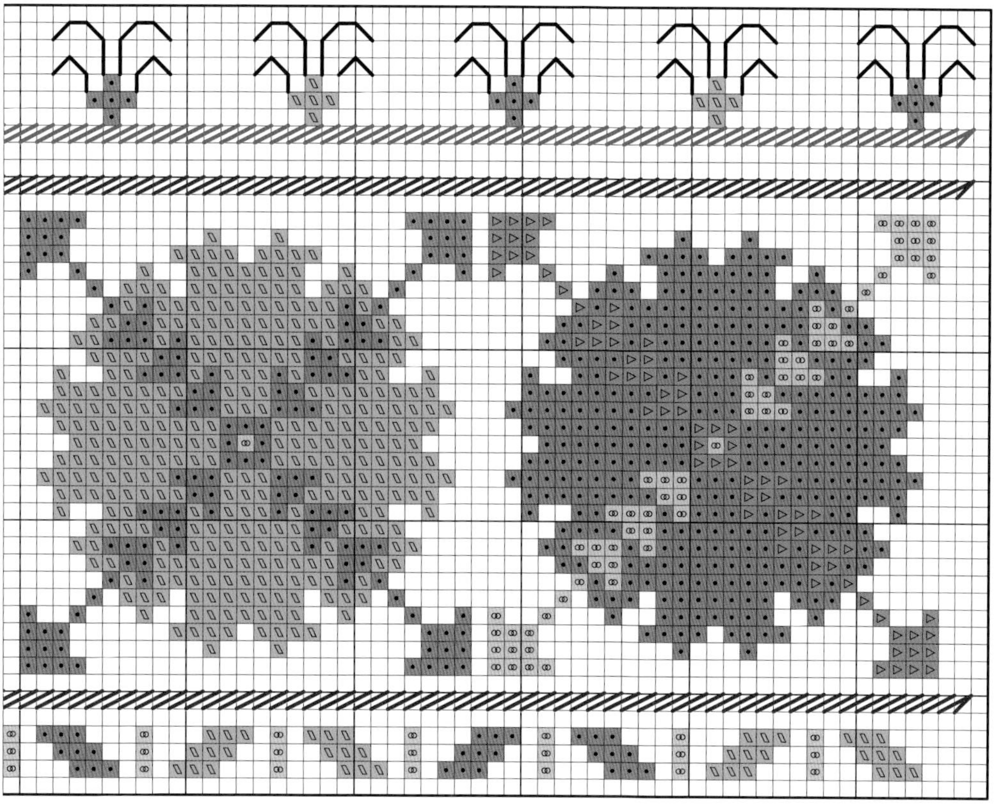

09

[写真 P.018]

ステッチ

1 3

使用糸

• DMC 310番　∞ DMC 321番

※ ←→ の幅は自由に変えてください

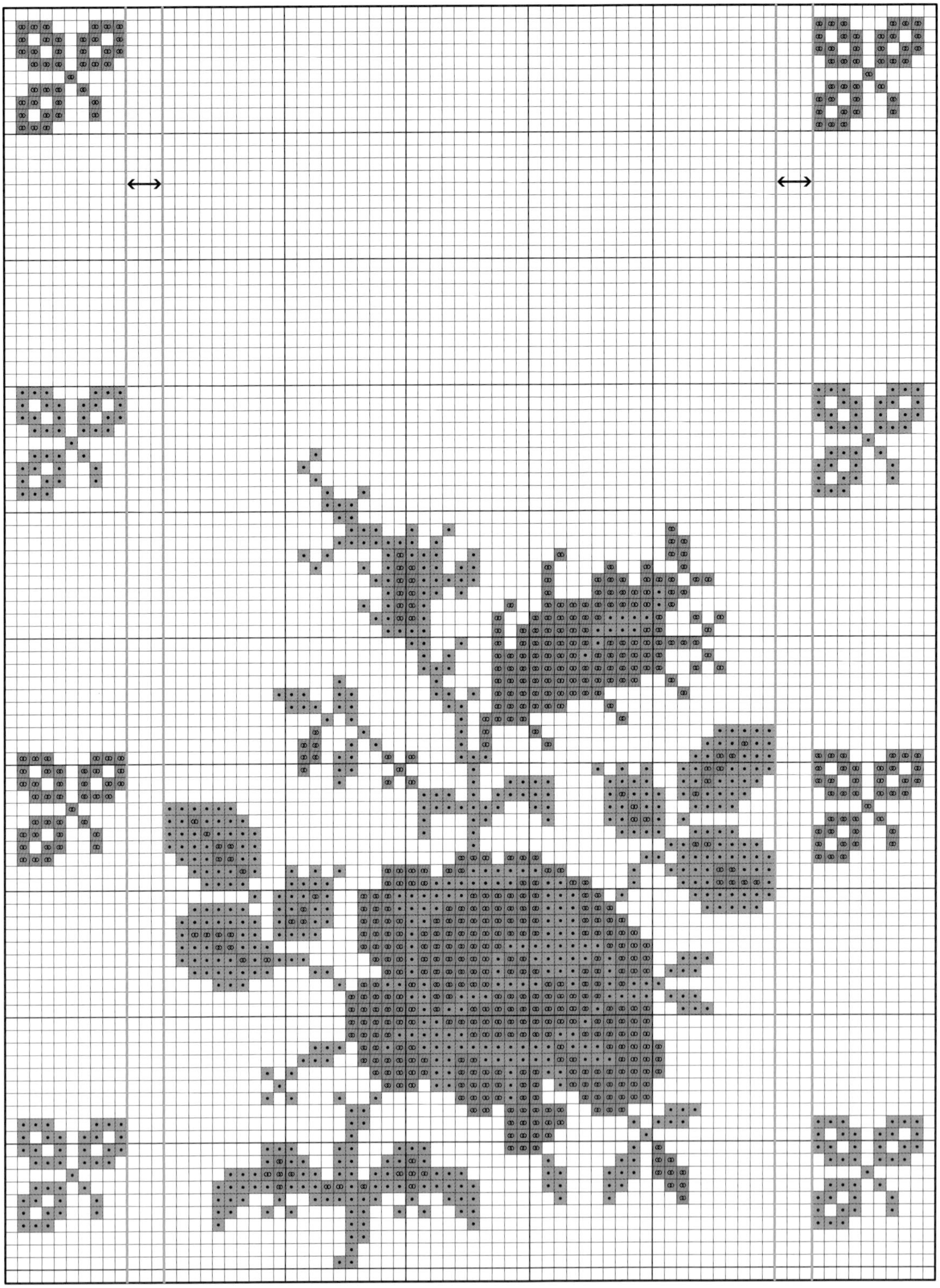

12

[写真 P.020]

ステッチ

1 3

使用糸

- DMC 304番
- DMC 469番
- DMC 517番
- DMC 3340番
- DMC 3834番
- DMC 3853番

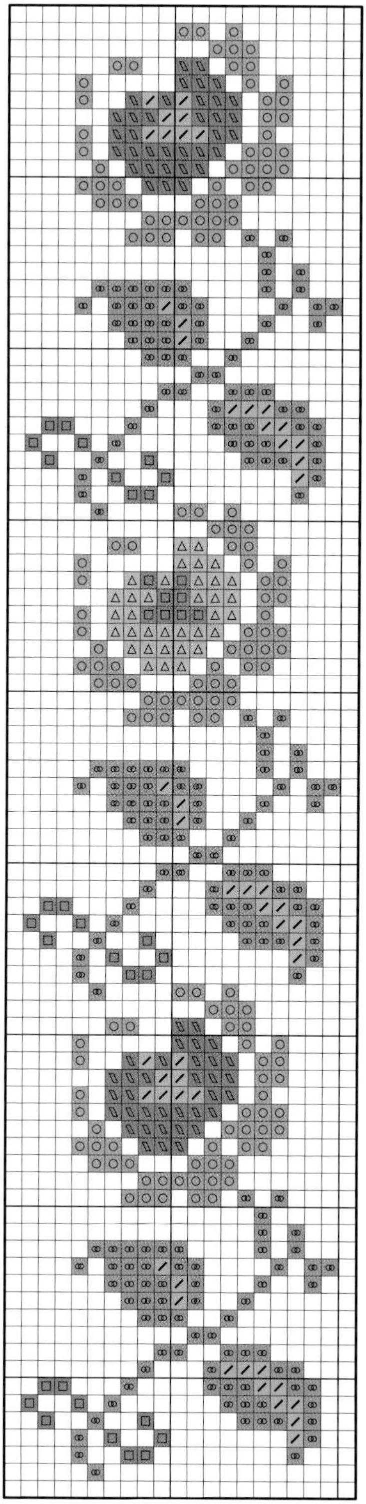

13

[写真 P.020]

ステッチ

1 3

使用糸

- DMC 150番
- DMC 3818番
- DMC 3340番
- DMC 3848番

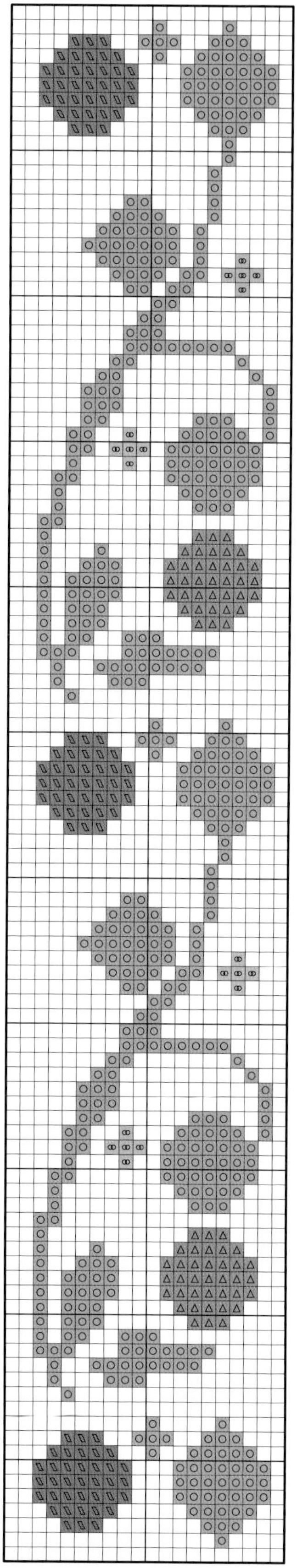

14 ①

［写真 P.021］

ステッチ

1 2 3

使用糸

- DMC 322番
- DMC 3706番
- DMC 762番
- DMC 3787番

14 ②

［写真 P.021］

ステッチ

1 4

使用糸

- DMC 349番
- DMC 553番
- DMC 844番
- DMC 3779番
- DMC 3806番
- DMC 3807番
- DMC 3816番

14 ③

[写真 P.021]

ステッチ

1

使用糸

- DMC 333番
- DMC 349番
- DMC 919番
- DMC 946番
- DMC 988番
- DMC 3805番

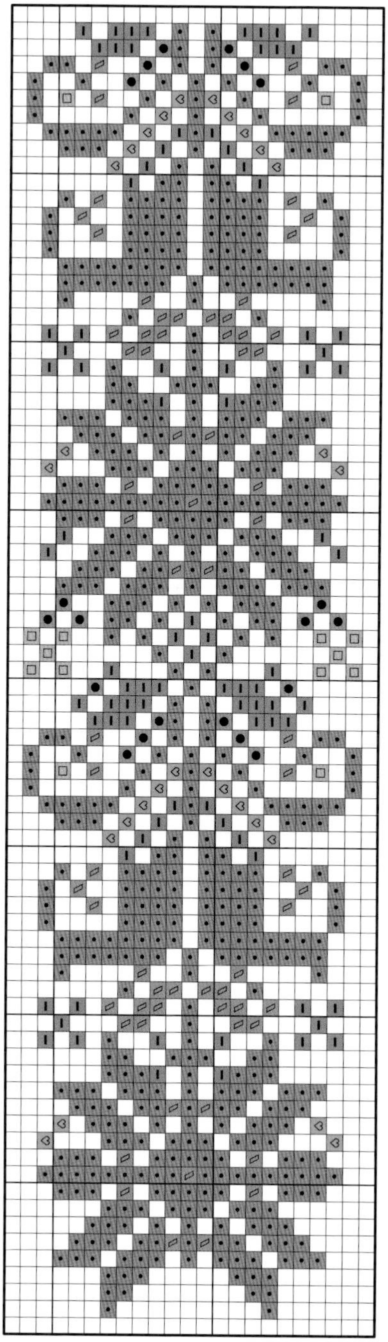

14 ④

[写真 P.021]

ステッチ

1 3 4

使用糸

- DMC 349番
- DMC 718番
- DMC 825番
- DMC 844番
- DMC 970番
- DMC 3806番
- DMC 3818番

14 ⑤

[写真 P.021]

ステッチ

1 3 4

使用糸

- △ DMC 517番 ―
- ／ DMC 552番
- □ DMC 604番
- ॥ DMC 910番
- ꝏ DMC 919番 ―
- ○ DMC 946番
- ・ DMC 3371番

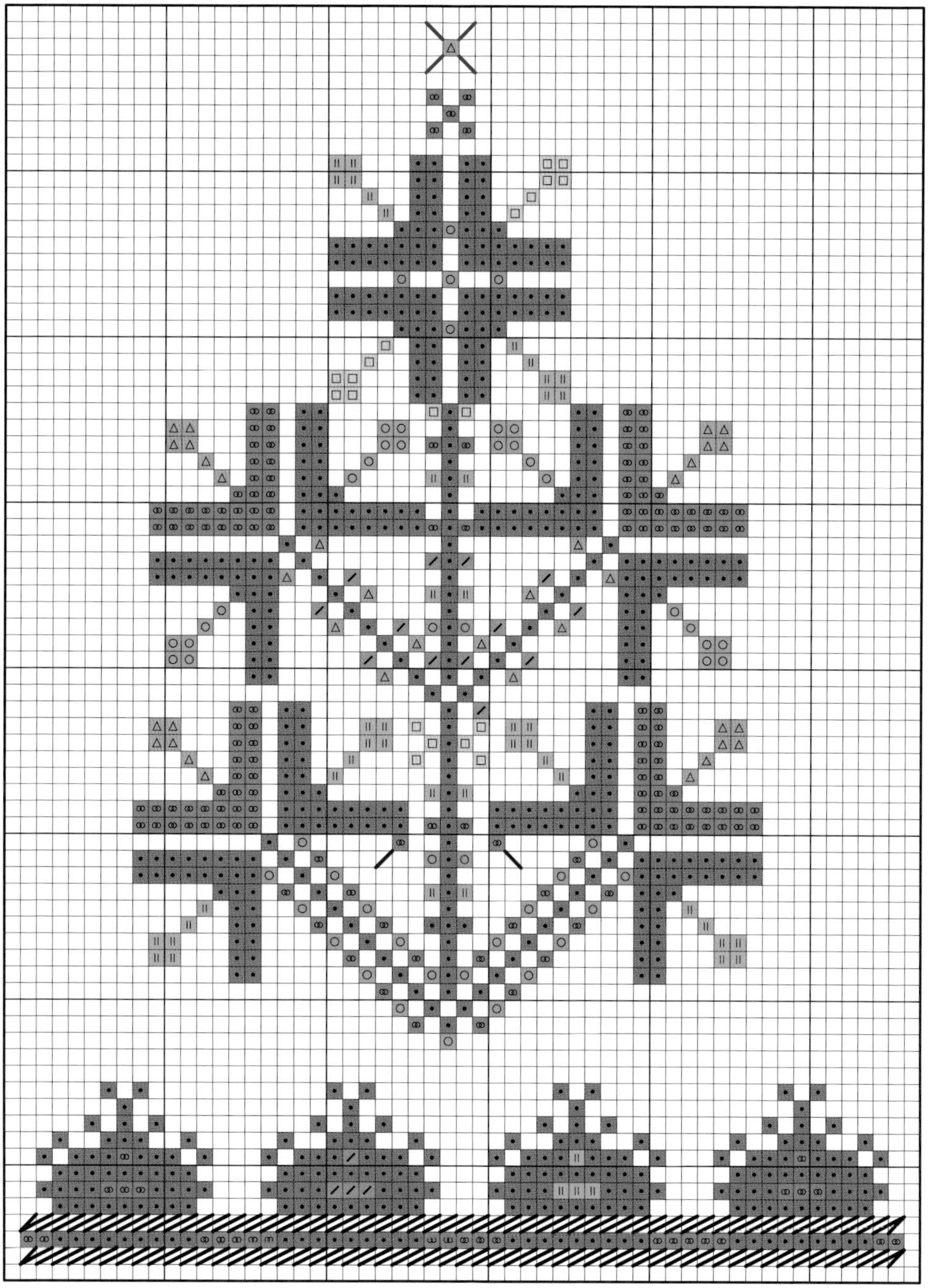

14 ⑥

[写真 P.021]

ステッチ

1 3 4

使用糸

- ● DMC 3806番
- ▱ DMC 210番
- ○ DMC 972番
- ▬ DMC 919番
- ⧅ DMC 3371番
- ⚭ DMC 3818番

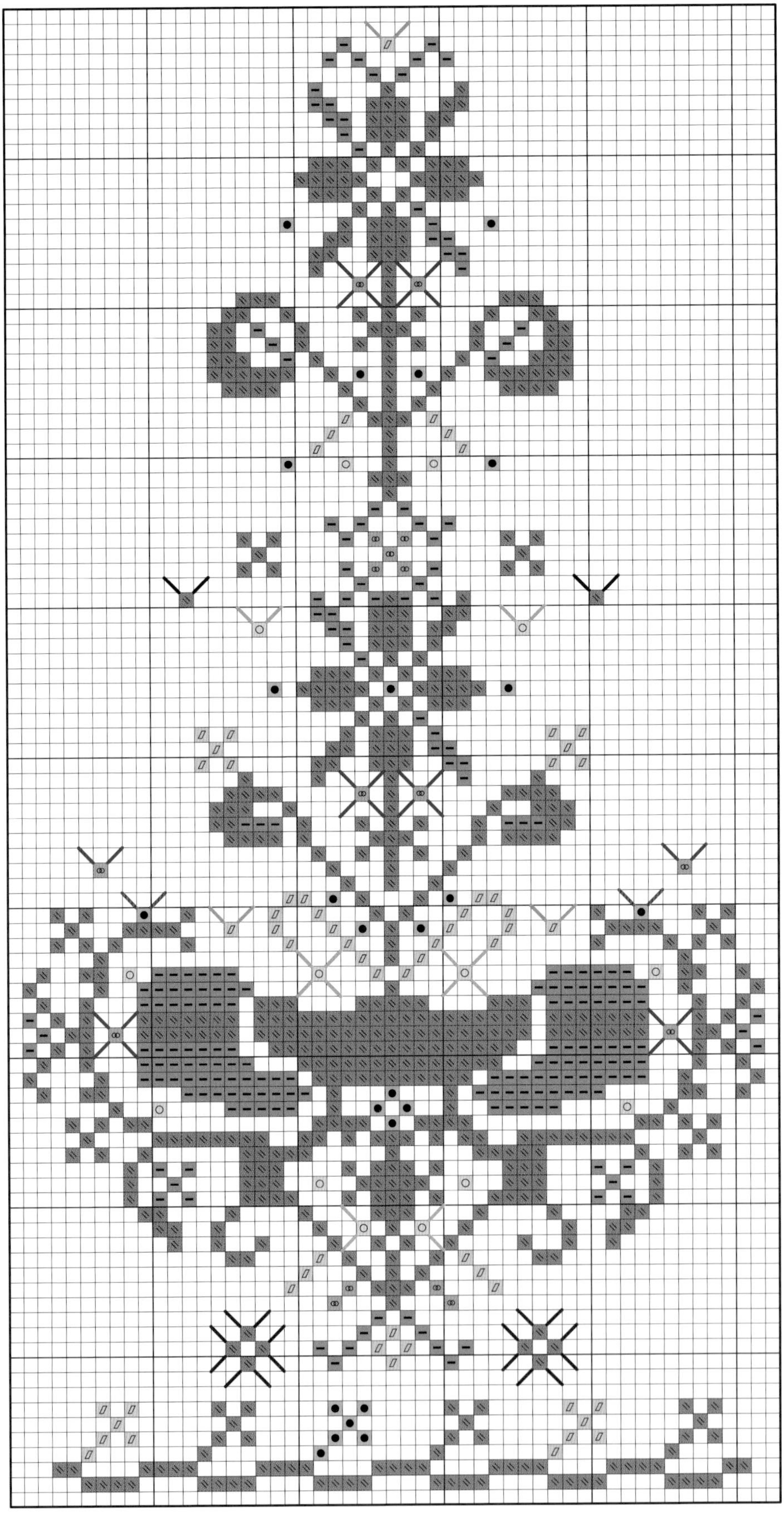

14 ⑦

[写真 P.021]

ステッチ

1 3 4

使用糸

- □ DMC 341番
- ▽ DMC 349番 ——
- ▱ DMC 777番
- • DMC 844番 ——
- ♡ DMC 946番
- ╲ DMC 3371番
- ∞ DMC 3779番
- ○ DMC 3806番

14 ⑧

[写真 P.021]

ステッチ

1

使用糸

- DMC 647番
- DMC 3806番
- DMC 826番

15

［写真 P.022］

ステッチ

1 3 4 5

使用糸

DMC 310番 ──	ll DMC 703番	▬ DMC 3804番	▷ DMC 3842番
○ DMC 552番	∞ DMC 728番	• DMC 3831番	╲ DMC 3857番

17

[写真 P.023]

ステッチ

1 3 4

使用糸

- • DMC 310番
- ○ DMC 603番
- ◿ DMC 911番
- ॥ DMC 3830番
- ⧅ DMC 437番 ——
- ▬ DMC 898番
- ∞ DMC 995番
- □ DMC 3837番

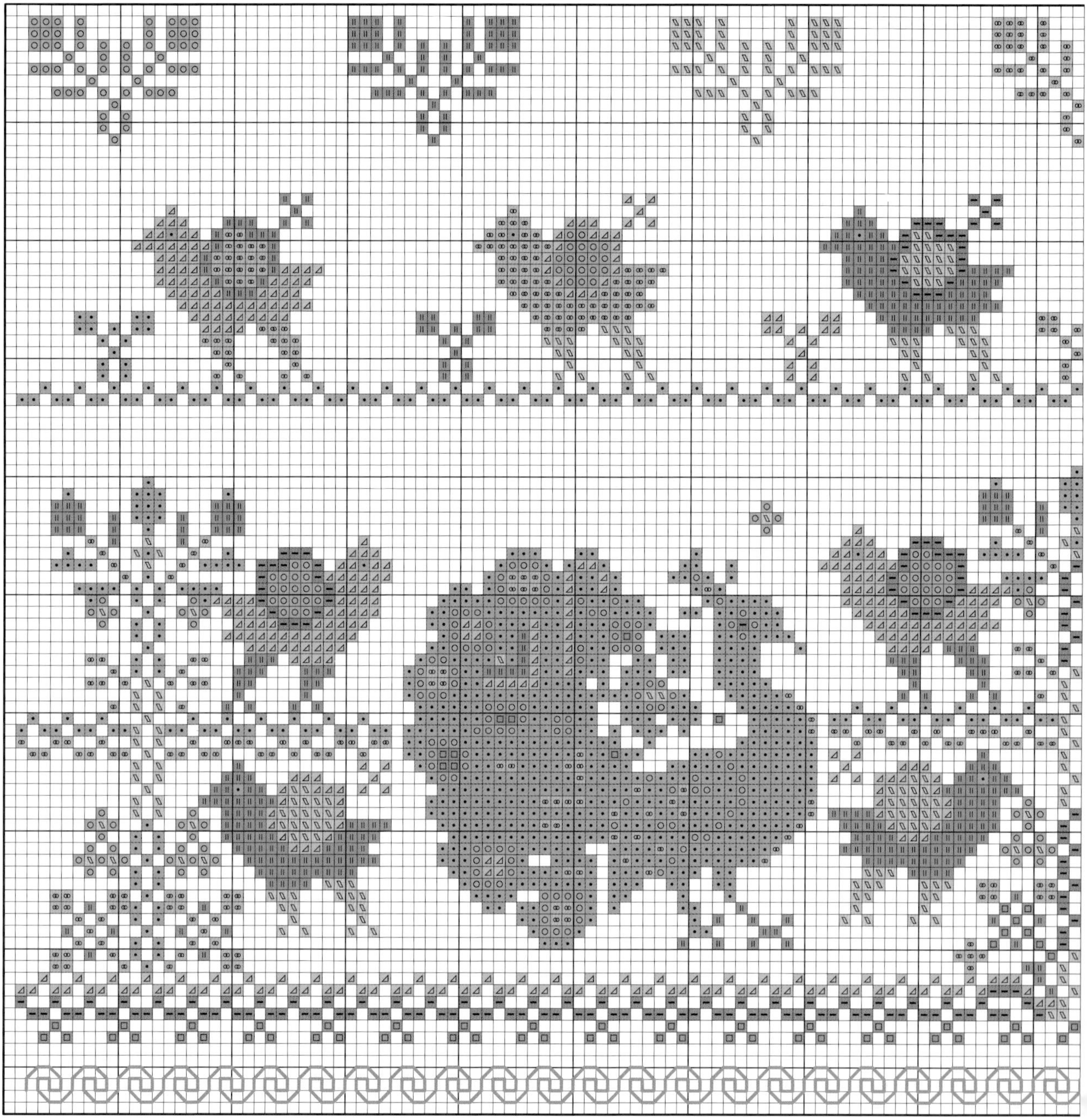

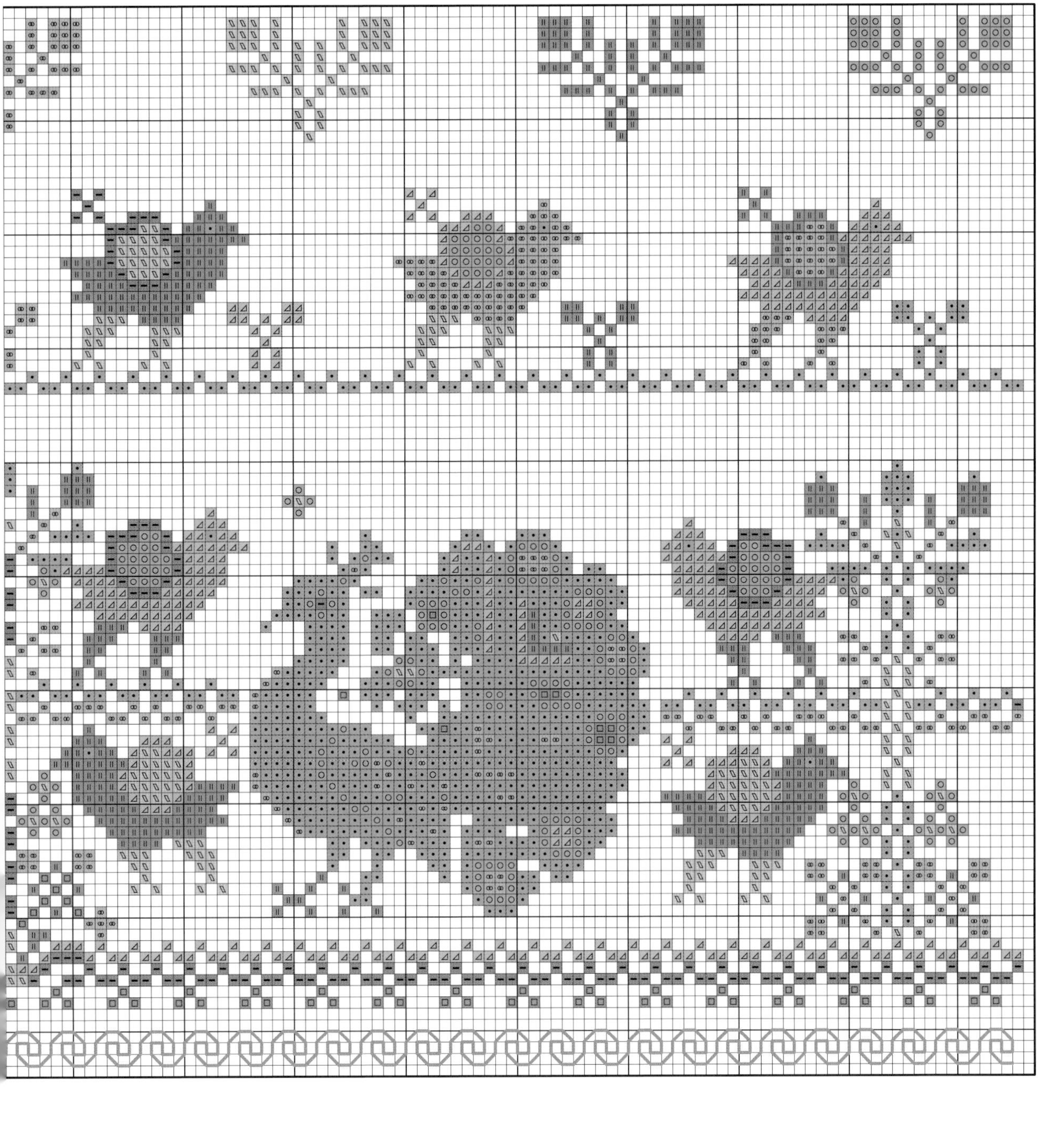

18

[写真 P.023]

ステッチ

1 3 4 5

使用糸

DMC 210番
DMC 445番
DMC 801番 ——
DMC 3859番
DMC 351番
DMC 471番
DMC 3689番

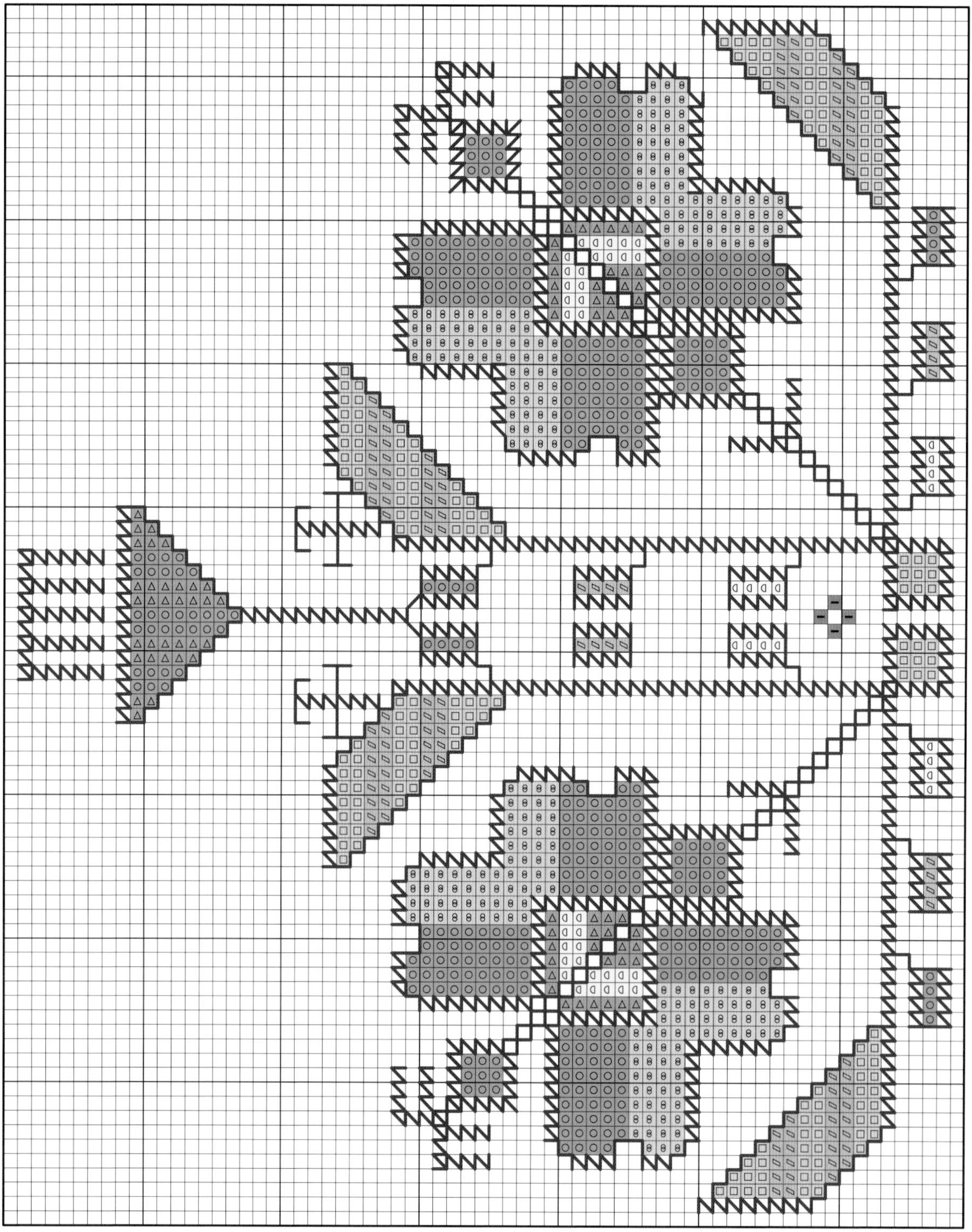

19

[写真 P.024]

ステッチ

1

使用糸

- ⚭ DMC 166番
- ǀ DMC 3078番
- ○ DMC 3852番
- • DMC 304番
- ▷ DMC 3750番

16

[写真 P.022]

ステッチ

1 3 4 6

使用糸

- DMC blanc
- DMC 19番
- DMC 471番
- DMC 740番
- DMC 791番
- DMC 826番
- DMC 910番
- DMC 938番
- DMC 3805番

20

[写真 P.025]

ステッチ

1 3

使用糸

- DMC 223番
- DMC 603番
- DMC 645番
- DMC 817番
- DMC 948番
- DMC 3042番
- DMC 3849番

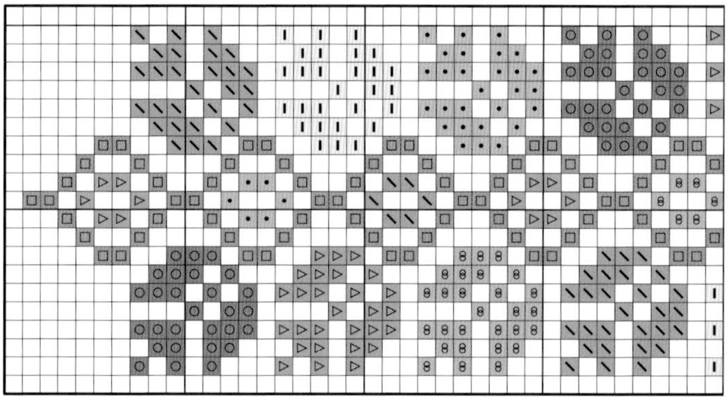

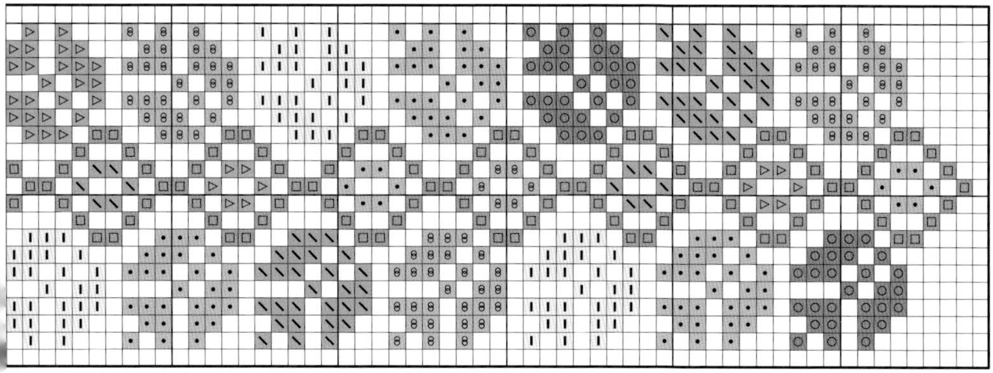

21

[写真 P.026]

ステッチ

1 3

使用糸

- • DMC 335番
- ▽ DMC 349番
- ○ DMC 598番
- ／ DMC 844番
- ◎ DMC 986番

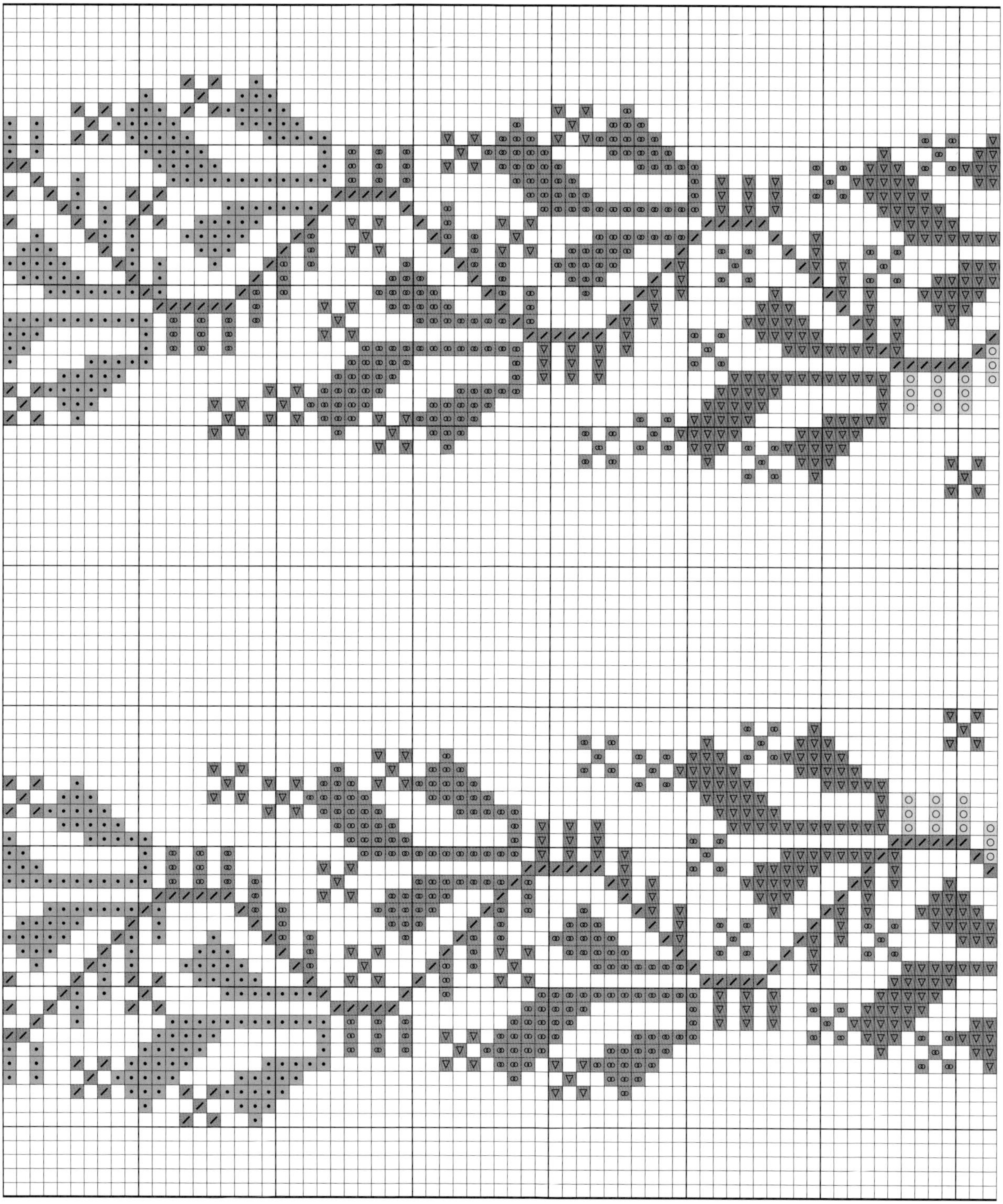

21

[写真 P.026]

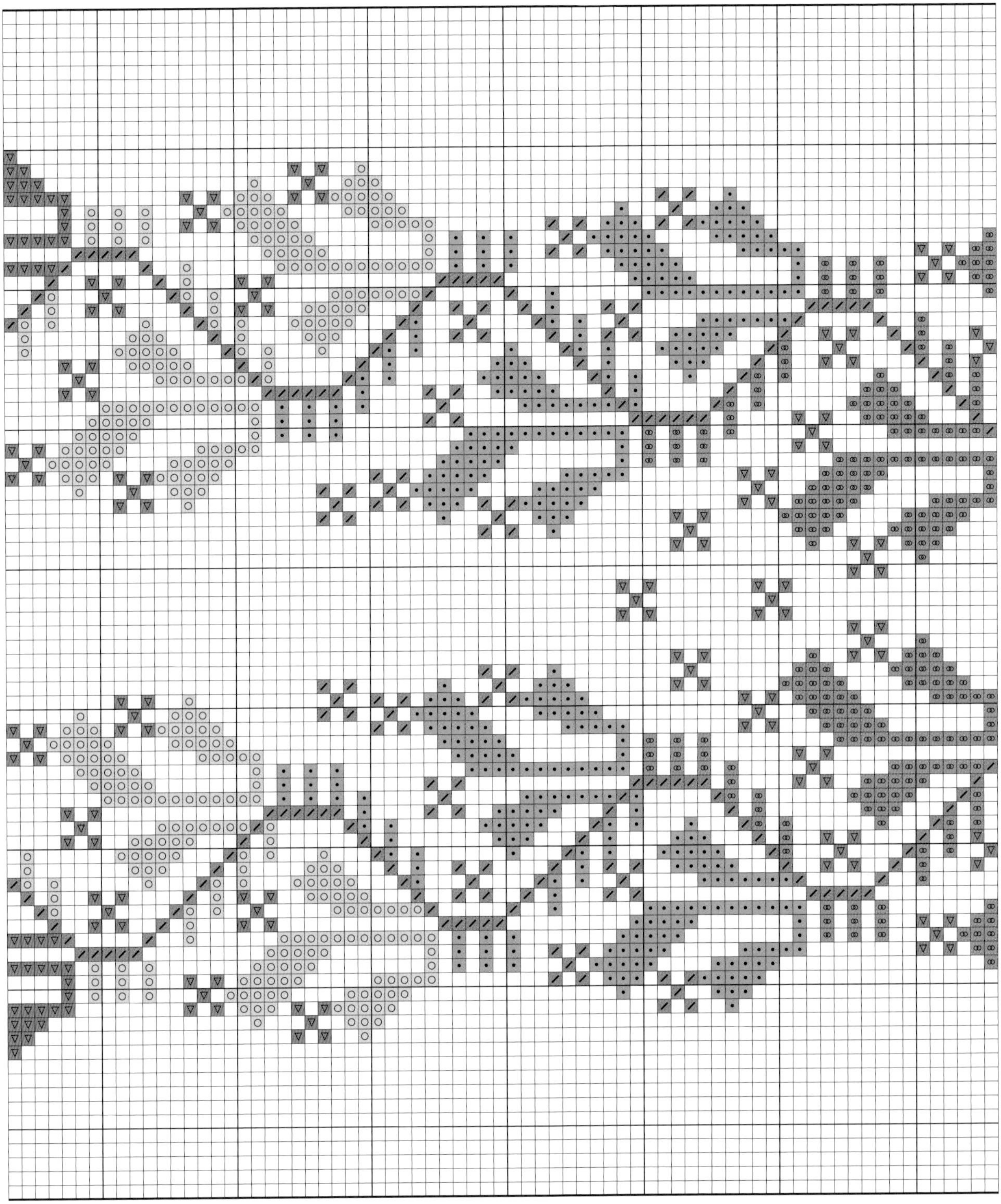

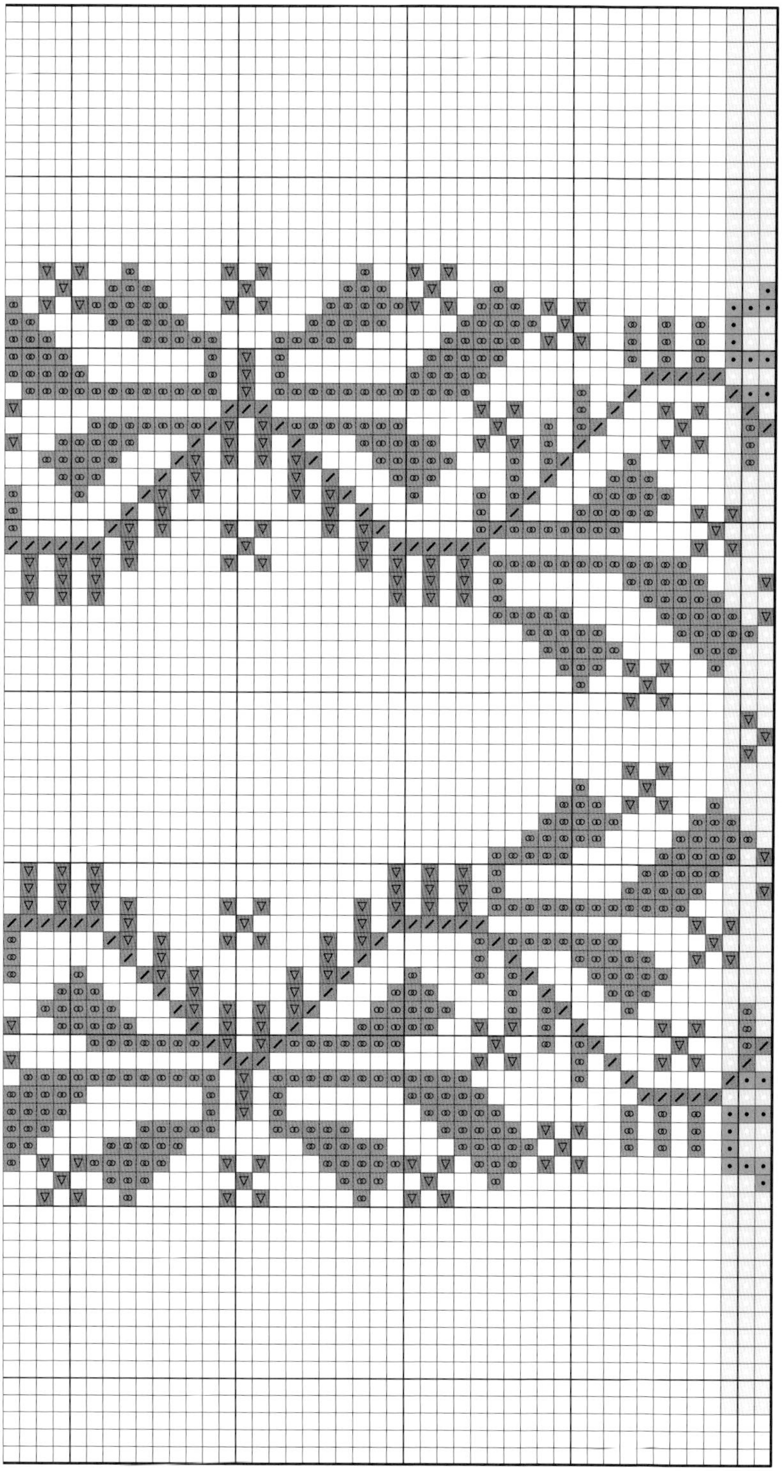

22

[写真 P.027]

ステッチ

1 2 3 4 5

使用糸

- DMC 310番
- DMC 666番
- DMC 825番
- DMC 469番
- DMC 816番
- DMC 3821番

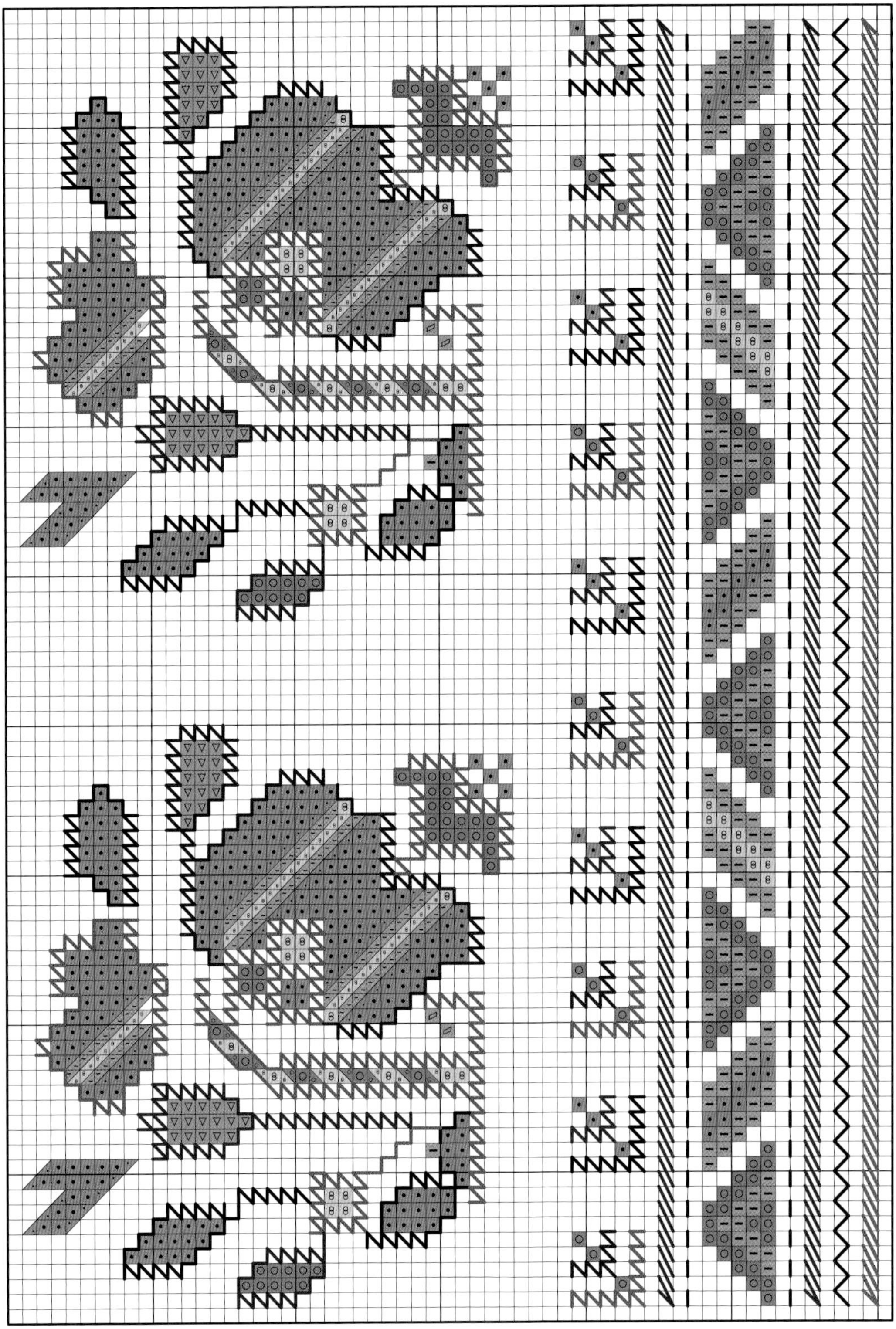

23

[写真 P.028]

ステッチ

1 2 3 6

使用糸

DMC 310番
DMC 817番
DMC 3818番
DMC 783番
DMC 824番

24

[写真 P.028]

ステッチ

1 2 3 4

使用糸

DMC 310番
DMC 444番
DMC 606番
DMC 312番
DMC 471番

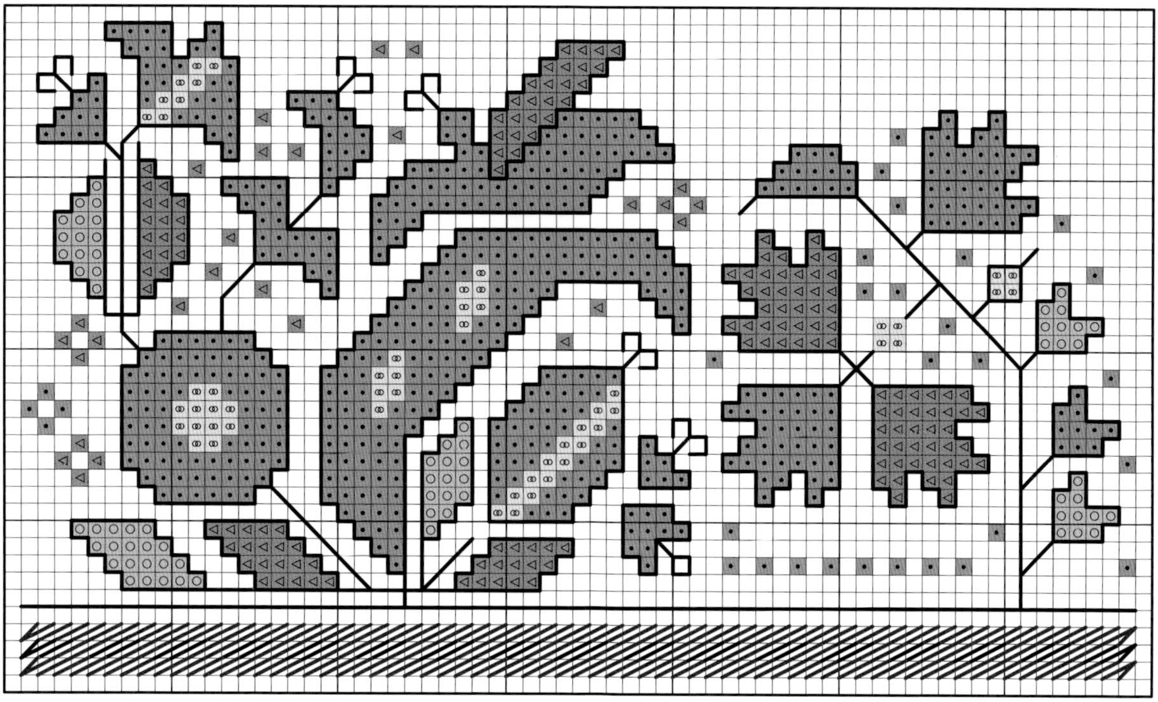

25

[写真 P.029]

ステッチ

1 2 3 4

使用糸

- DMC blanc
- DMC 310番
- DMC 321番
- DMC 606番
- DMC 608番
- DMC 825番
- DMC 3806番
- DMC 700番

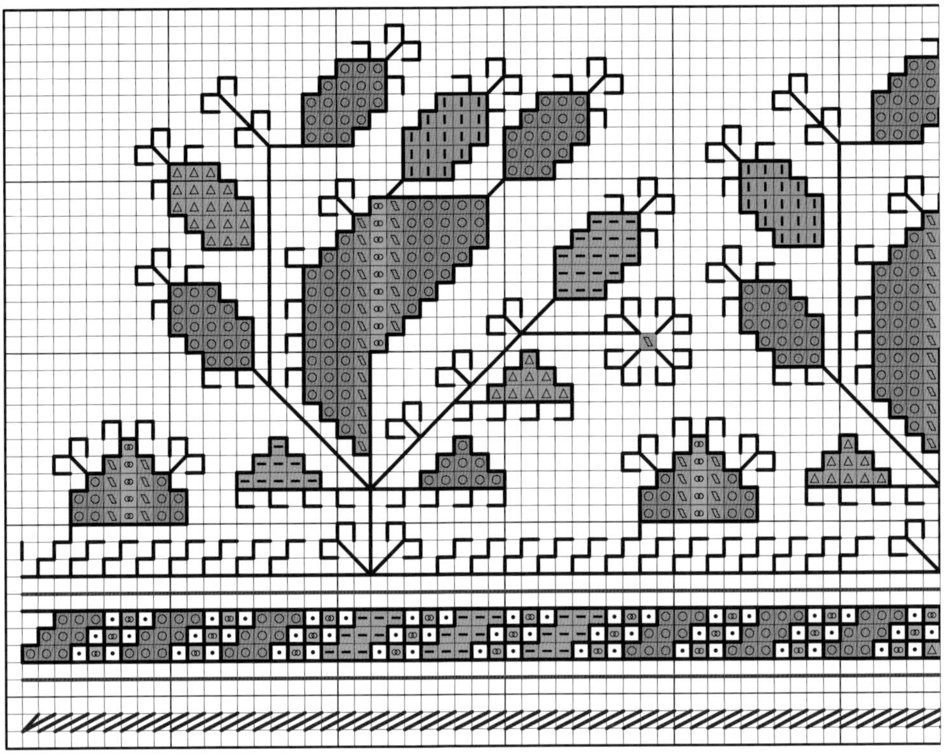

26

[写真 P.029]

ステッチ

1 2 3 4 5

使用糸

- DMC 310番
- DMC 349番
- DMC 680番
- DMC 725番
- DMC 815番
- DMC 3842番

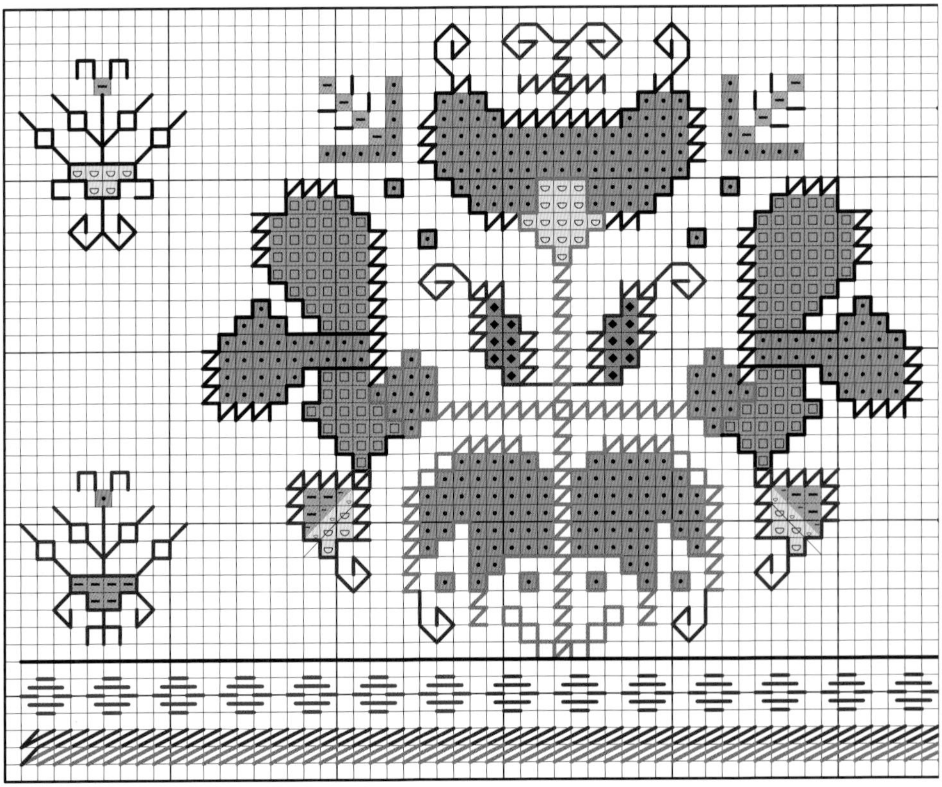

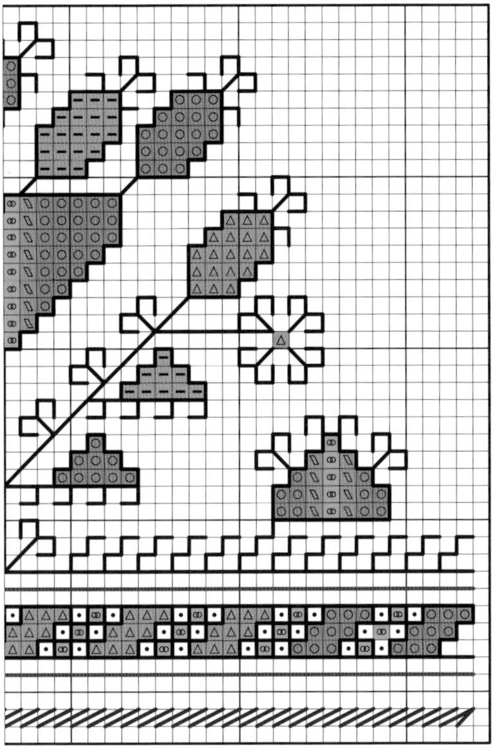

27

[写真 P.030-031]

ステッチ

1 3

使用糸

DMC 333番 　DMC 816番 　DMC 3815番

DMC 666番 　DMC 825番

27

[写真 P.030-031]

28

[写真 P.032]

ステッチ

1 3

使用糸

- / DMC 310番
- ○ DMC 355番
- ⧵ DMC 761番
- ∞ DMC 3818番
- ◁ DMC 312番
- ‖ DMC 501番
- ♡ DMC 3340番

29

[写真 P.032]

ステッチ

1 3 4

使用糸

- Ⅱ DMC 304番
- ○ DMC 402番
- ／ DMC 732番
- ♡ DMC 746番
- • DMC 801番 ——
- ▷ DMC 825番
- ∞ DMC 3806番
- × DMC D3852番 ——

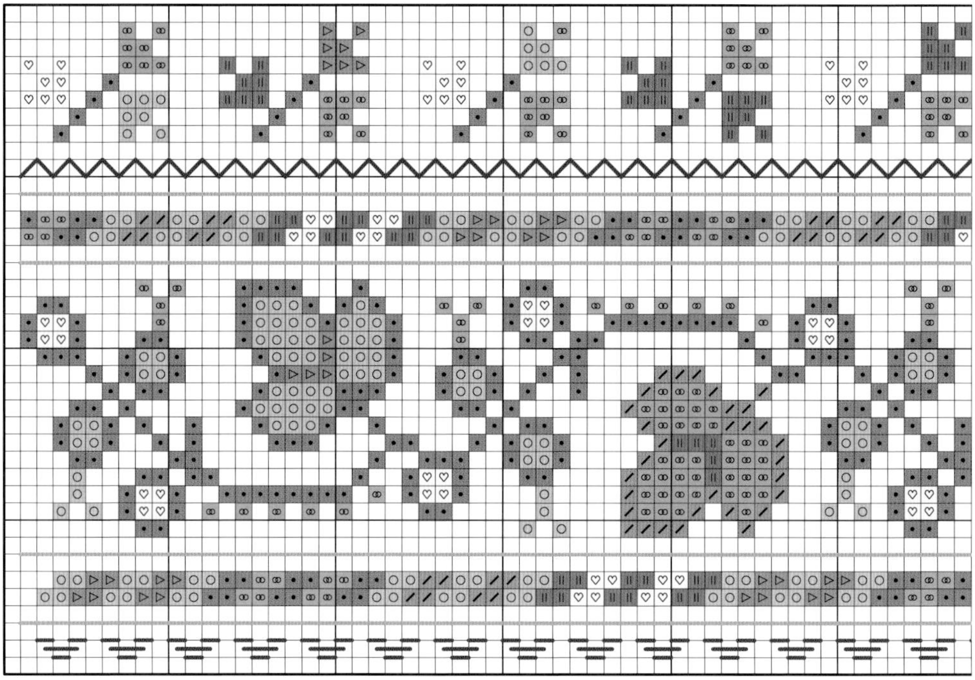

31

[写真 P.033]

ステッチ

1 2 3 4

使用糸

- ● DMC 310番
- ∞ DMC 797番
- ＼ DMC 809番
- • DMC 830番
- ◁ DMC 912番
- ○ DMC 962番
- ▌ DMC 3831番 ——

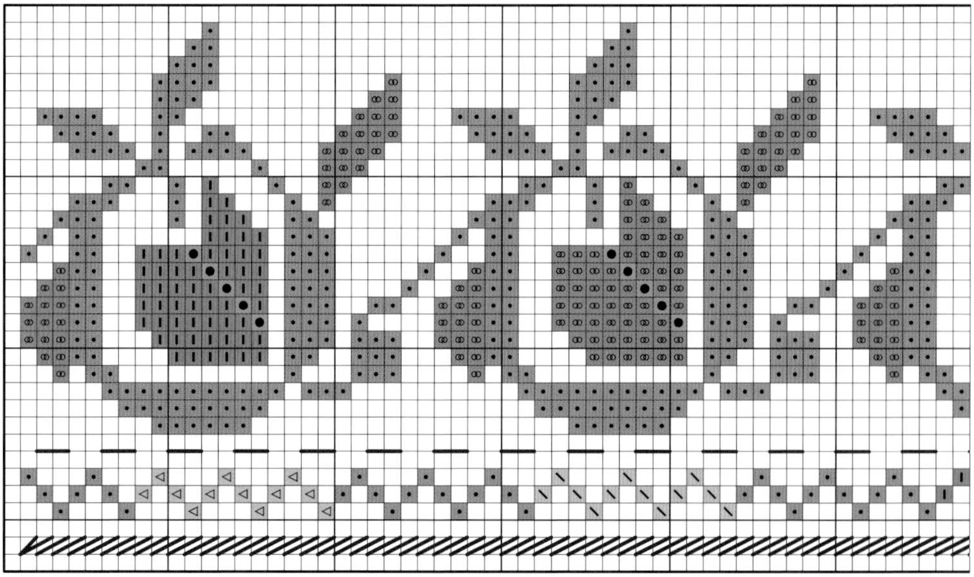

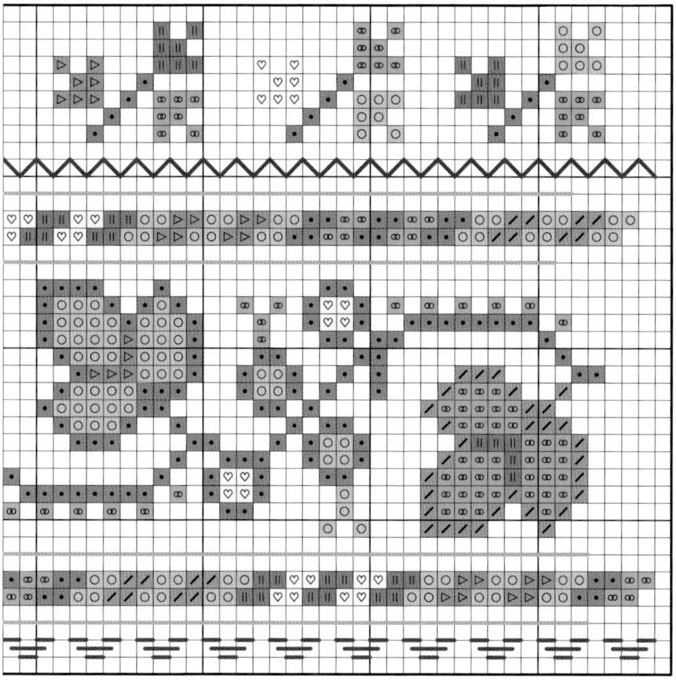

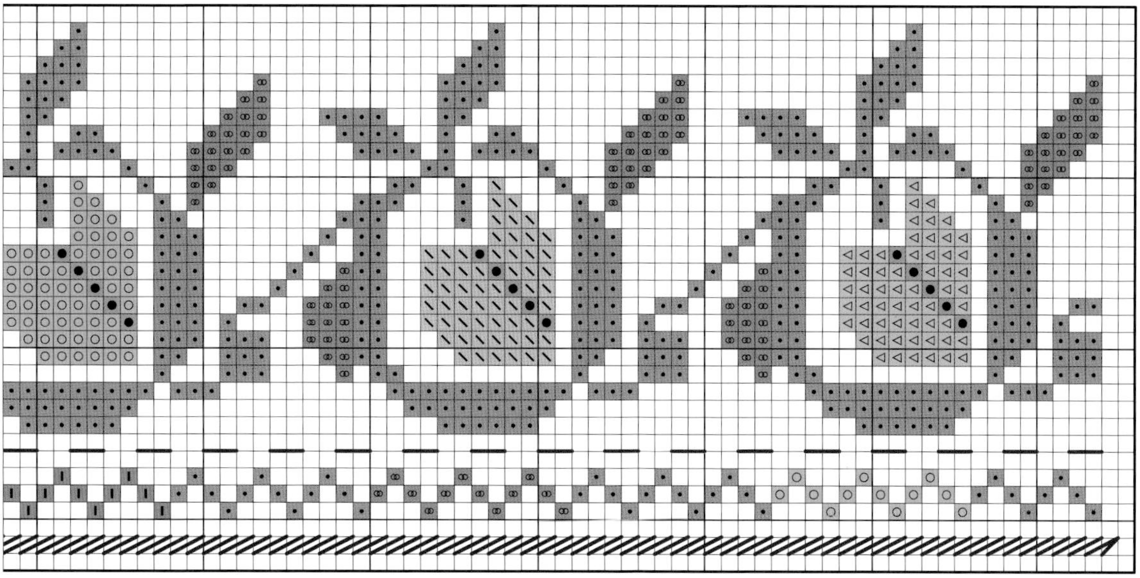

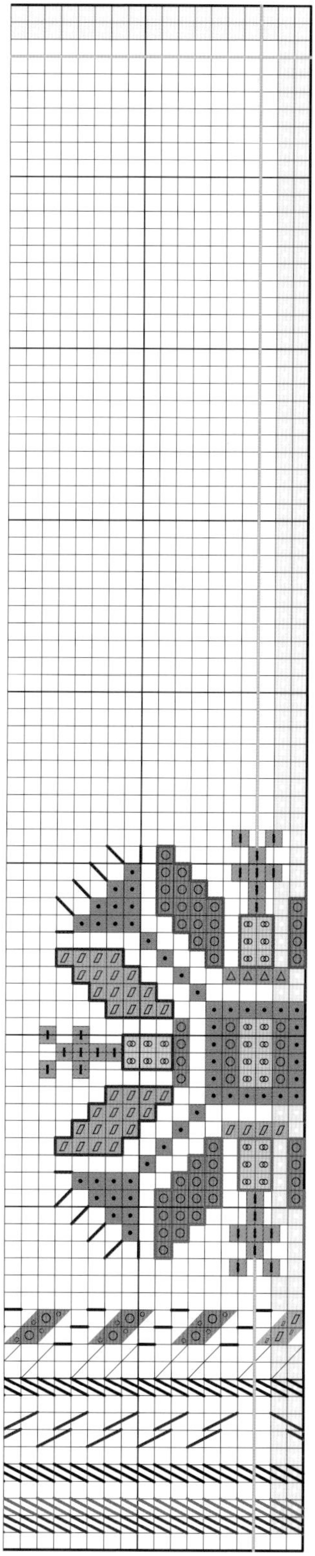

30

[写真 P.033]

ステッチ

1 2 3 4

使用糸

- DMC 310番
- DMC 321番
- DMC 793番
- DMC 918番
- DMC 986番
- DMC 3821番

※図案は
四角いクロスの
角の部分です。

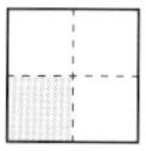

32

[写真 P.034]

ステッチ

1

使用糸

- DMC 601番
- DMC 797番
- DMC 826番
- DMC 937番
- DMC 3803番
- DMC 3822番
- DMC 3852番

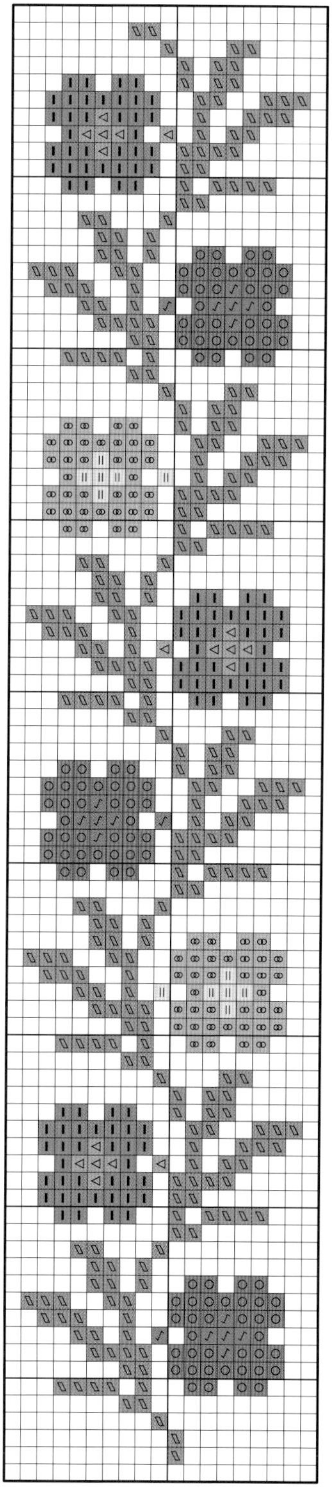

33

[写真 P.034]

ステッチ

1 3 8

使用糸

- DMC blanc
- DMC 307番
- DMC 310番
- DMC 666番
- DMC 800番
- DMC D3852番

34

[写真 P.035]

ステッチ

1 2 3 4

使用糸

- DMC 304番
- DMC 601番
- DMC 606番
- DMC 744番
- DMC 761番
- DMC 807番
- DMC 938番
- DMC 3806番
- DMC 3345番
- DMC 3865番

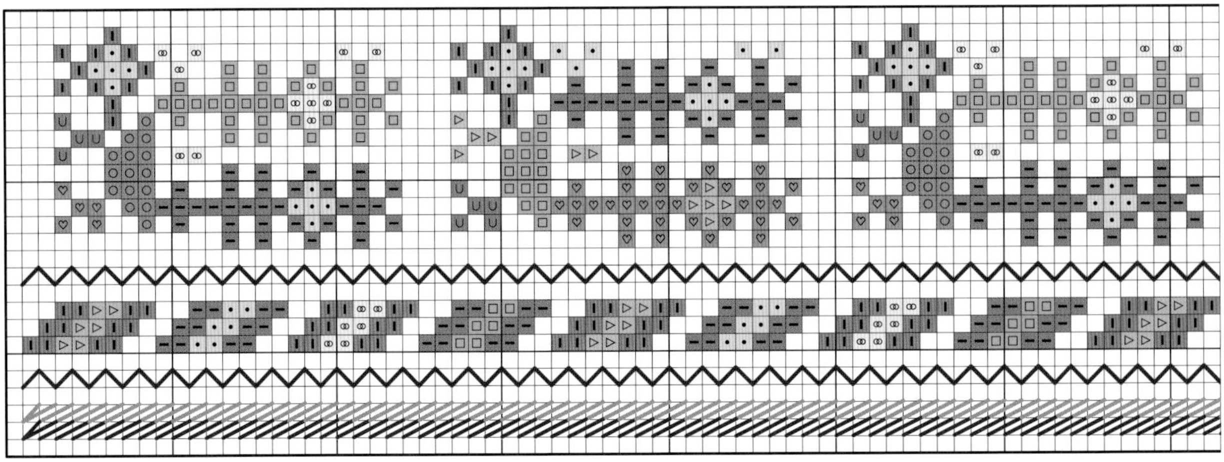

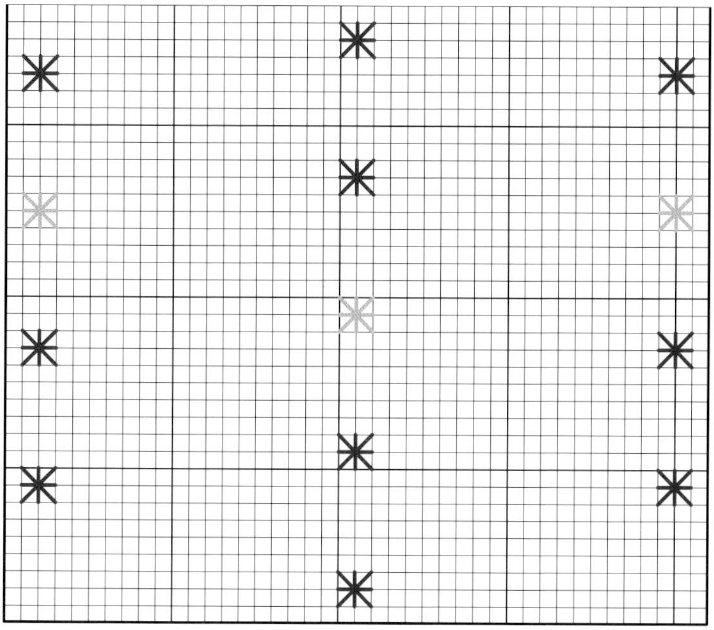

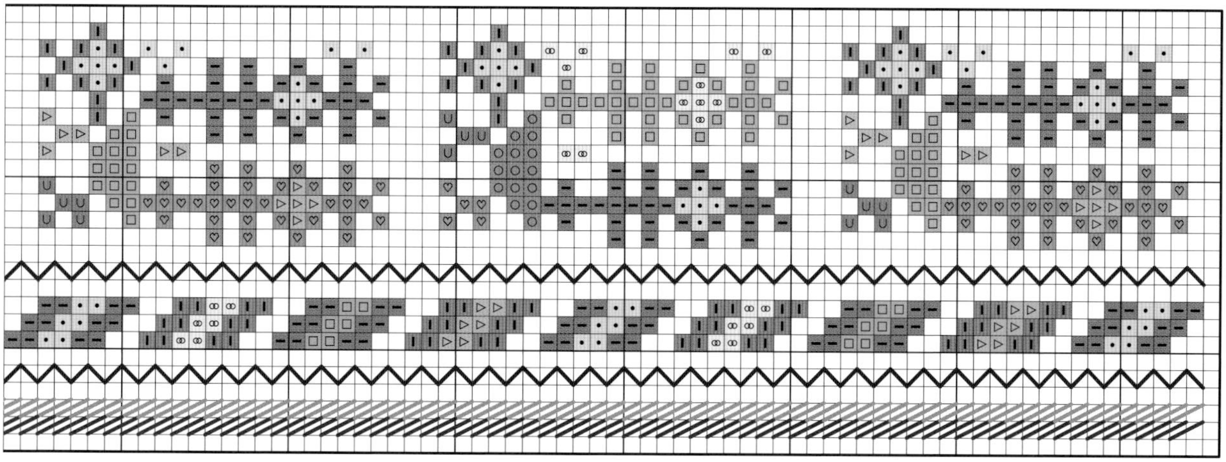

35

［写真 P.035］

ステッチ

1 3

使用糸

- DMC 150番
- DMC 221番
- DMC 310番
- DMC 452番
- DMC 469番
- DMC 603番
- DMC 798番
- DMC 948番

• DMC 963番　♡ DMC 3865番

DMC 3041番

36

[写真 P.036]

ステッチ

1 2 3 4

使用糸

- ♡ DMC 725番
- ▽ DMC 800番
- ⧅ DMC 906番
- ○ DMC 946番
- ॥ DMC 3021番 ——
- ● DMC 3805番 ——
- ⚭ DMC 3807番 ——

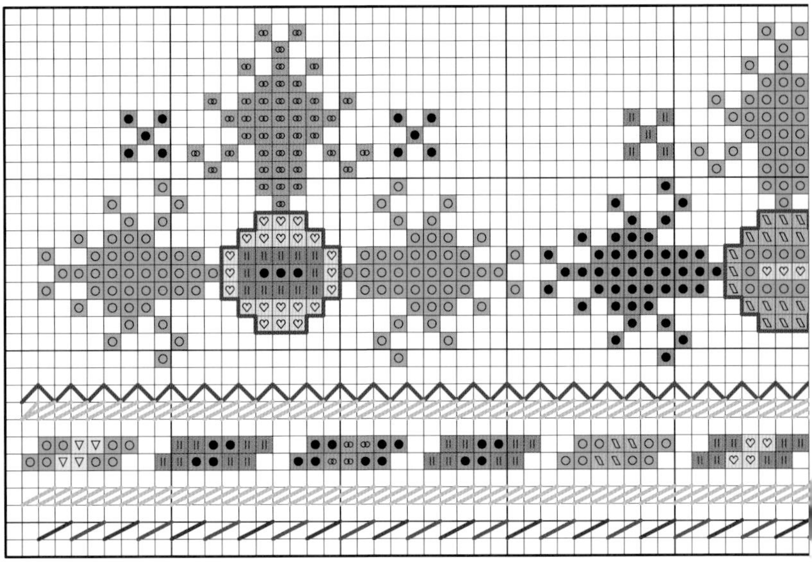

38

[写真 P.037]

ステッチ

1 2 3

使用糸

- ⟋ DMC 310番
- • DMC 321番
- ⚭ DMC 725番
- ▷ DMC 825番
- □ DMC 3818番

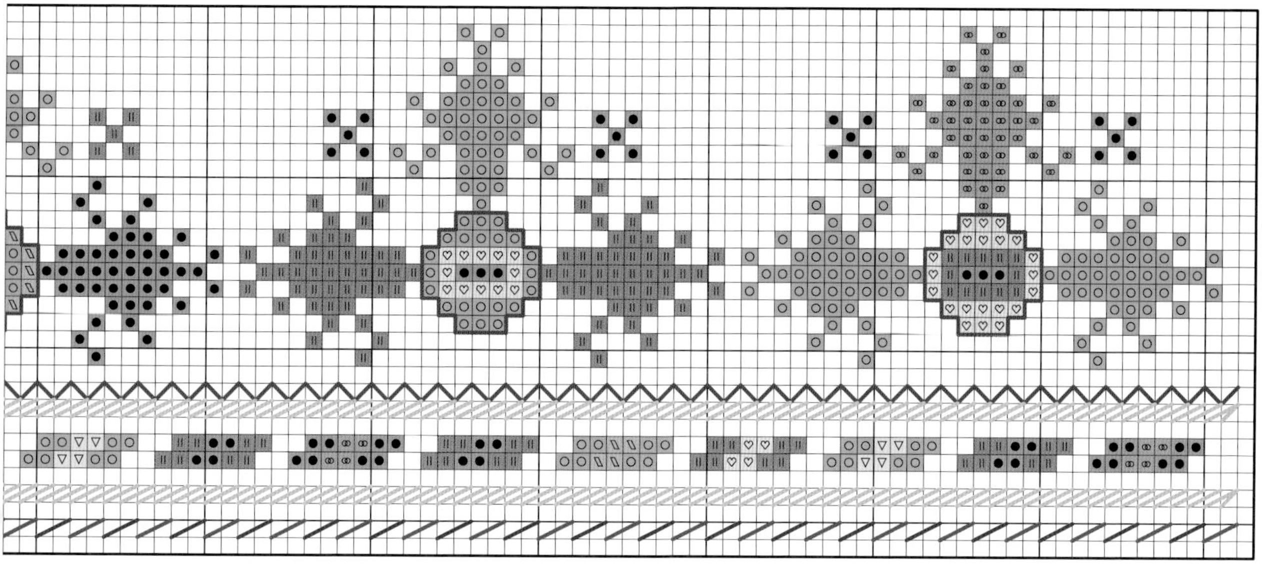

37

[写真 P.036]

ステッチ

1 2 3 4

使用糸

- □ DMC 310番
- • DMC 321番
- ⊚ DMC 798番
- △ DMC 801番
- / DMC 904番
- ○ DMC 970番

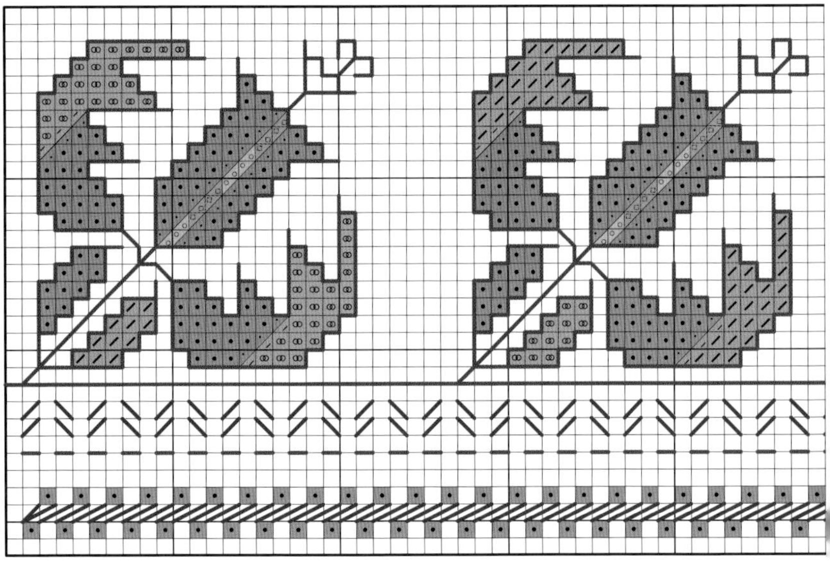

39

[写真 P.037]

ステッチ

1 3 4 6

使用糸

- ● DMC 310番
- • DMC 321番
- ○ DMC 798番
- / DMC 904番
- ⊚ DMC 970番

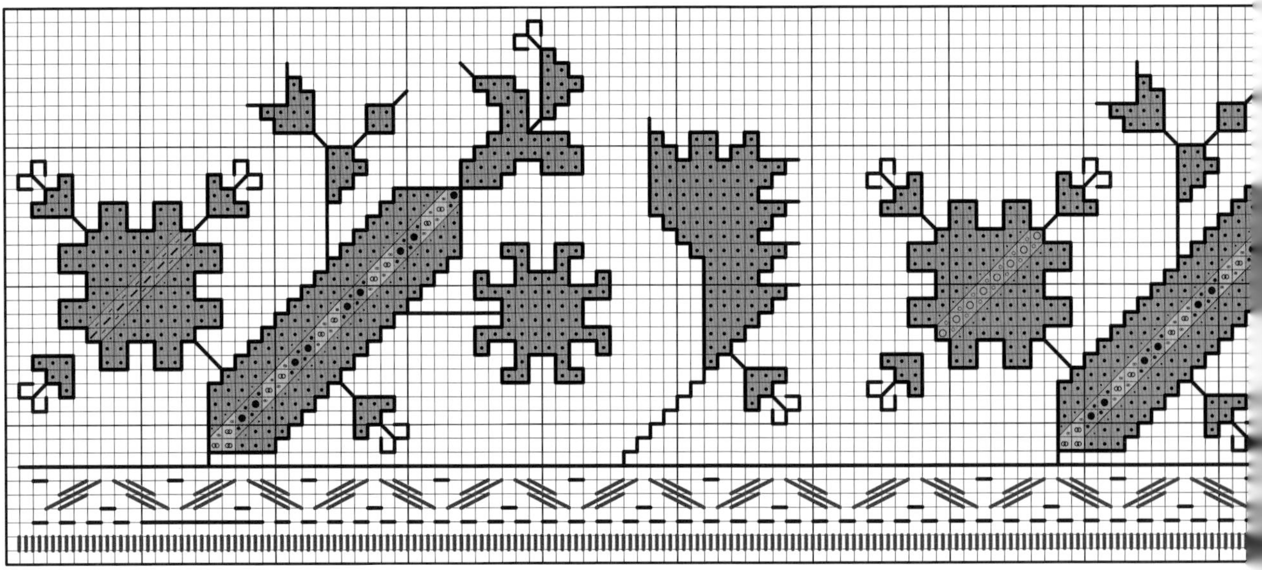

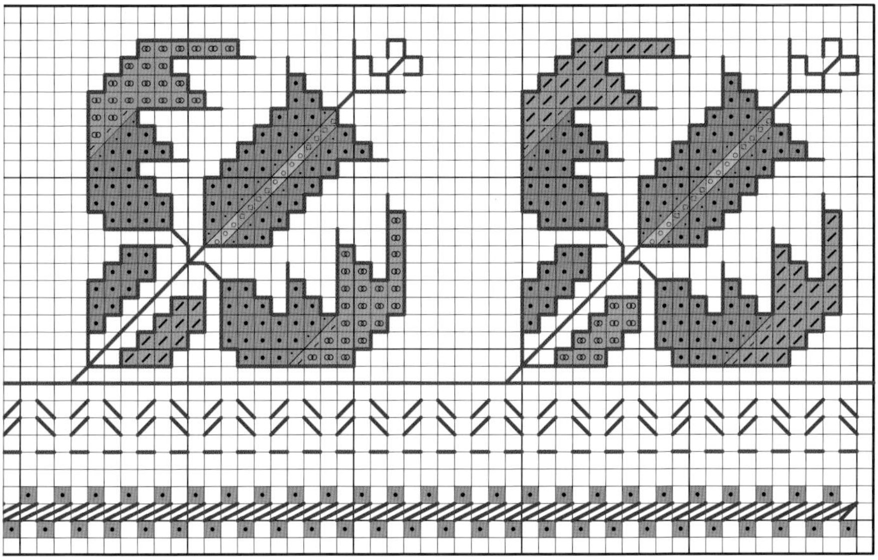

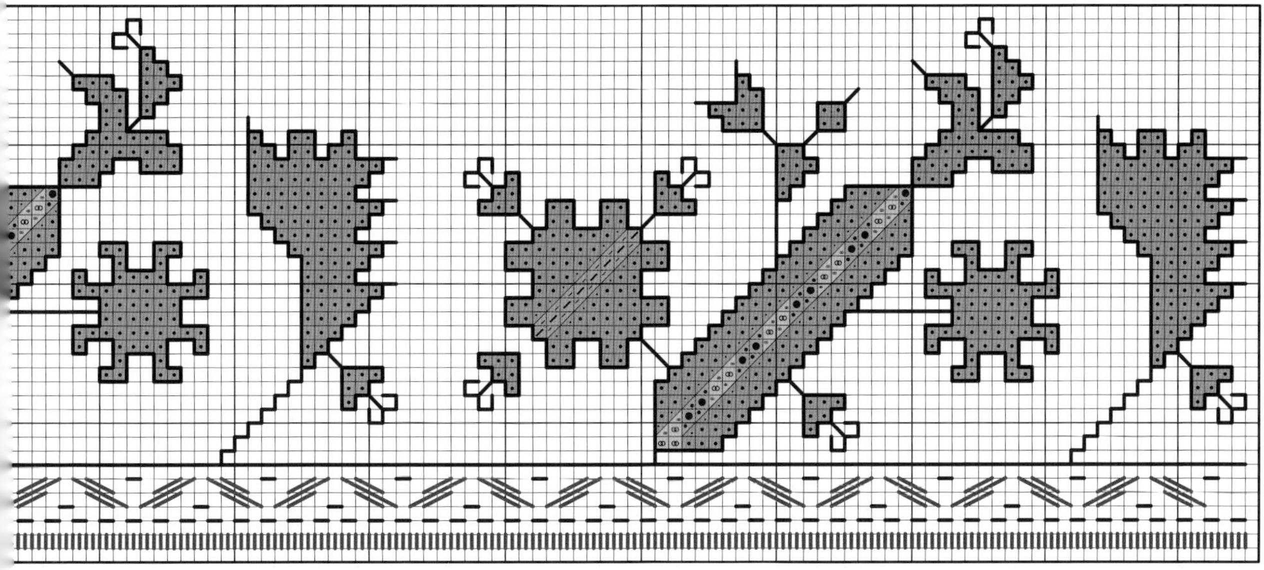

41

[写真 P.039]

ステッチ

1 2 3 4 6 7

使用糸

- • DMC blanc
- I DMC 310番
- ▽ DMC 321番
- DMC 603番
- DMC 733番
- II DMC 741番
- □ DMC 792番
- / DMC 809番
- ○ DMC 920番

42

[写真 P.039]

ステッチ

1 2 3 4

使用糸

- − DMC 310番
- ○ DMC 666番
- DMC 909番
- △ DMC 3806番
- \ DMC 3834番
- DMC 3855番

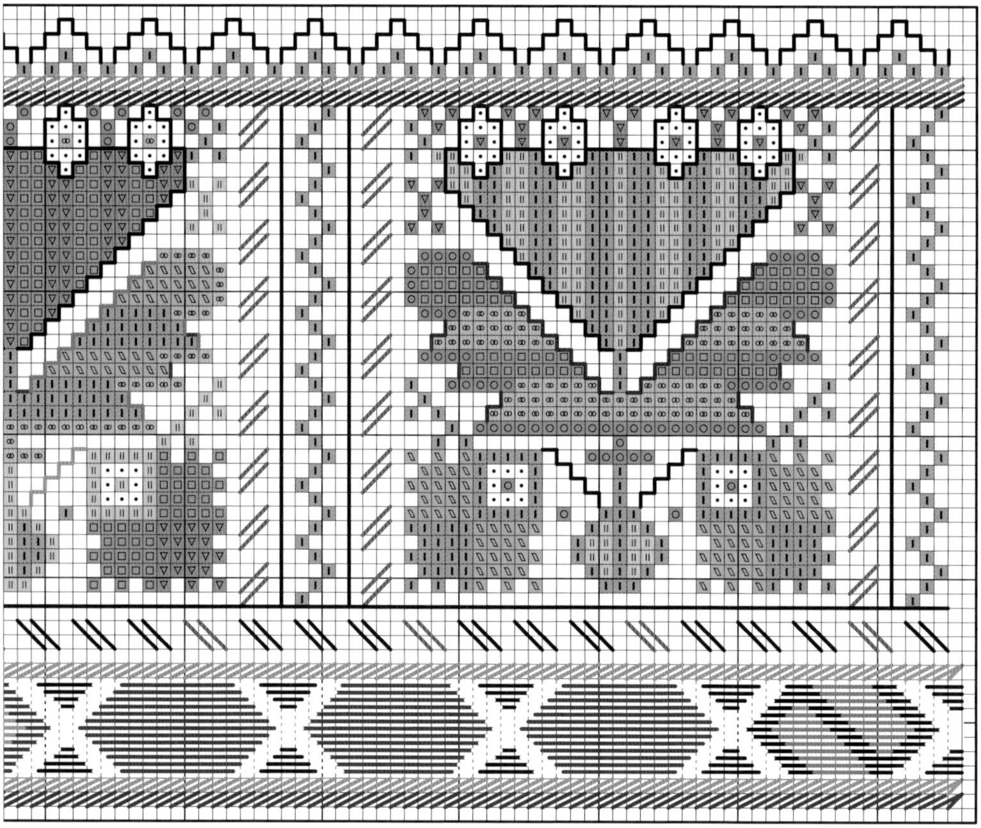

EXTRA

おまけの図案

ステッチ

1

使用糸

- DMC 310番
- DMC 905番
- DMC 666番

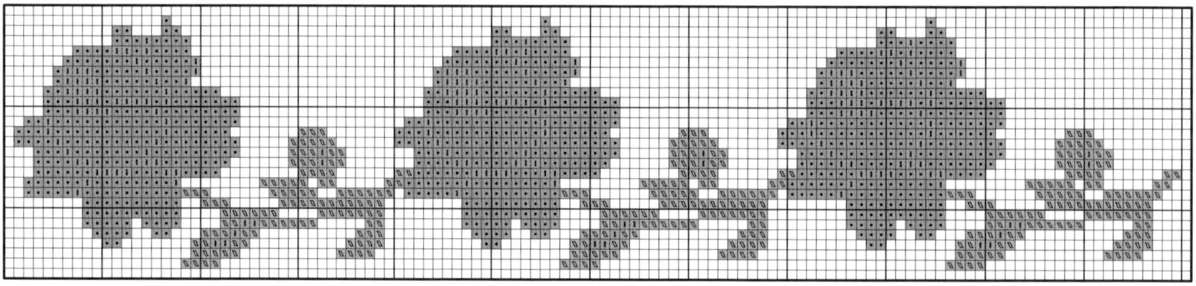

40

[写真 P.038]

ステッチ

1　3　4

使用糸

- / DMC 310番 —
- • DMC 321番 —
- || DMC 725番
- \ DMC 798番
- ∞ DMC 905番

43

［写真 P.040］

ステッチ

1 2 3 4 5

使用糸

- DMC 310番
- DMC 321番
- DMC 946番
- DMC 312番
- DMC 814番
- DMC 991番

44

[写真 P.040]

ステッチ

1 3 4 6

使用糸

- DMC blanc
- R DMC 608番
- ▷ DMC 3818番
- • DMC 601番
- ○ DMC 796番

45

［写真 P.041］

ステッチ

1 2 3

使用糸

- DMC 310番
- DMC 498番
- DMC 890番
- DMC 349番
- DMC 820番
- DMC 3834番

※図案は四角いクロスの角の部分です。

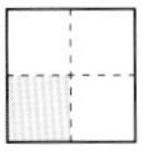

EXTRA

おまけの図案

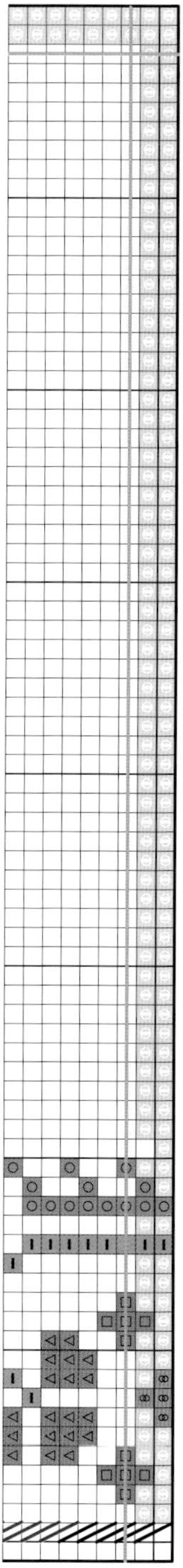

ステッチ

1 2 3

使用糸

- DMC 666番
- DMC 809番
- DMC 604番
- DMC 906番
- DMC 816番
- DMC 797番
- DMC 601番
- DMC 904番

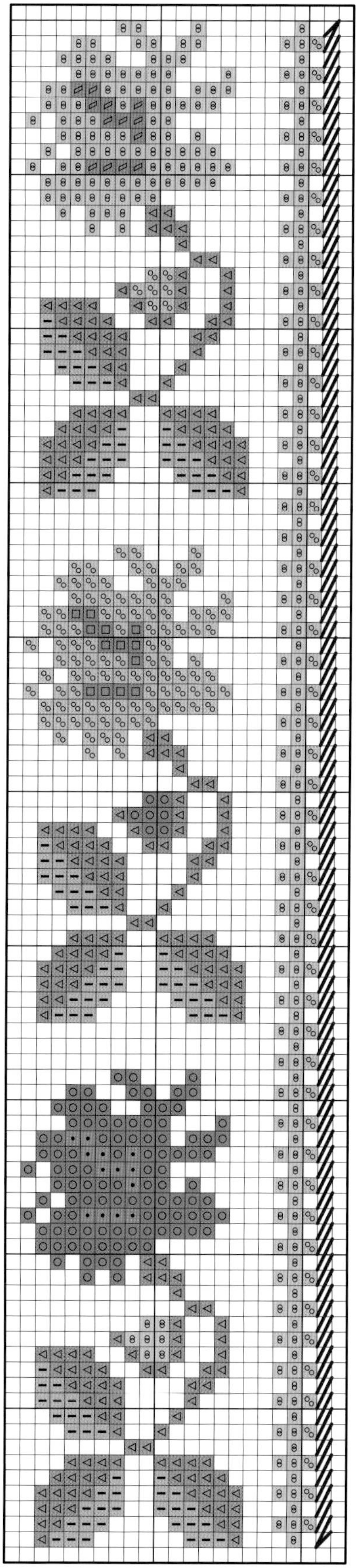

47

[写真 P.043]

ステッチ

1 4

使用糸

- ॥ DMC 310 番 ——
- ○ DMC 498 番
- ╲ DMC 603 番
- • DMC 666 番
- ❙ DMC 783 番
- ꝏ DMC 798 番
- ▷ DMC 3814 番

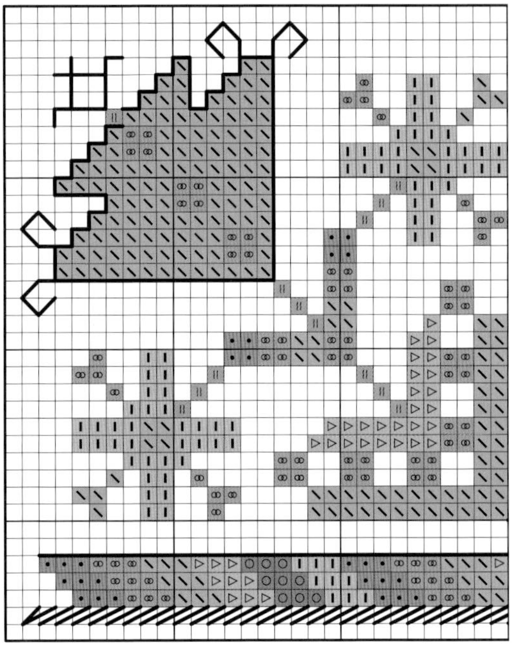

48

[写真 P.043]

ステッチ

1 3 4 5

使用糸

- • DMC 304 番 ——
- ▬ DMC 310 番 ——
- ○ DMC 602 番 ——
- ▱ DMC 718 番 ——
- ♡ DMC 741 番
- ▷ DMC 772 番 ——
- □ DMC 792 番 ——
- ❙ DMC 801 番 ——
- ꝏ DMC 3835 番

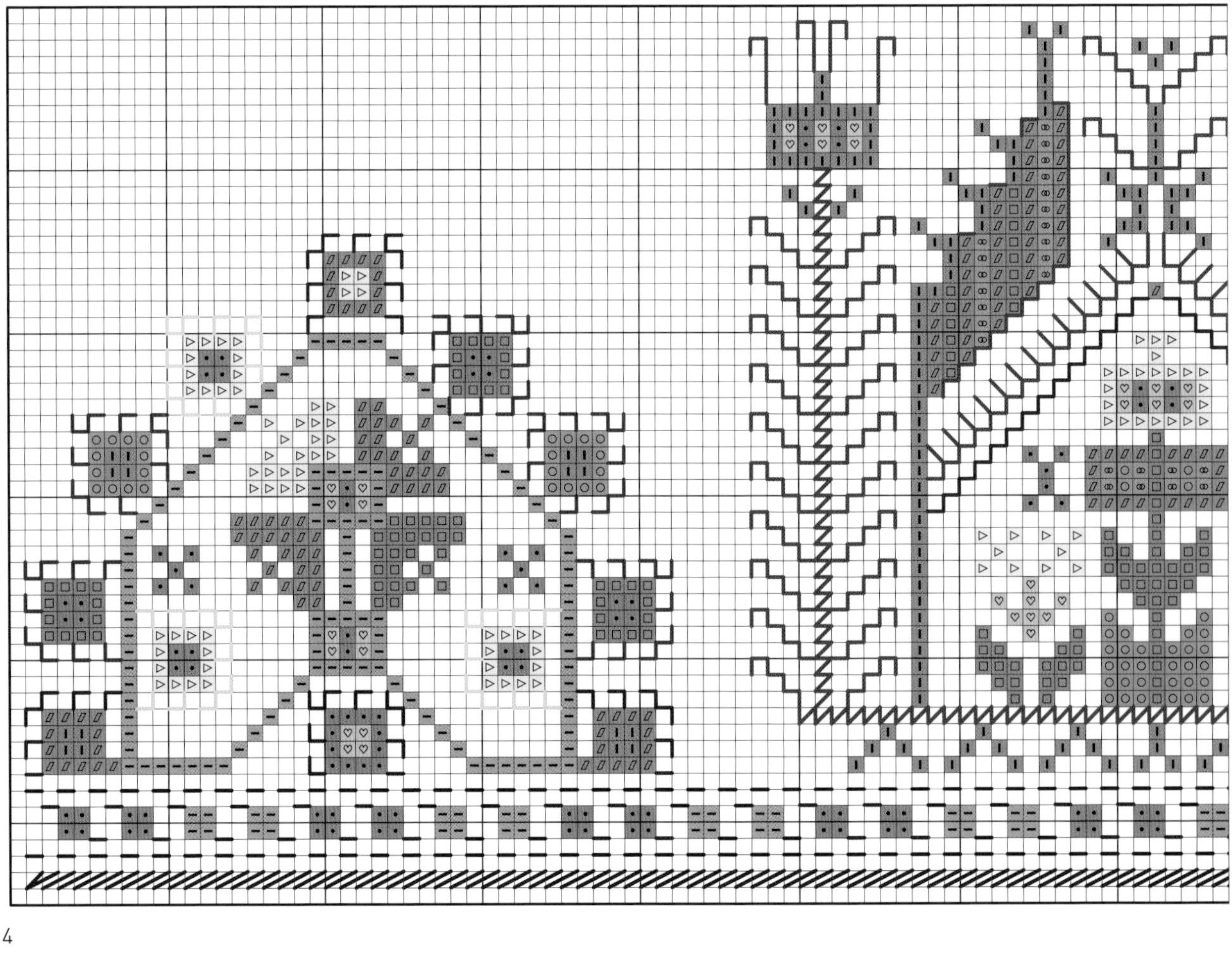

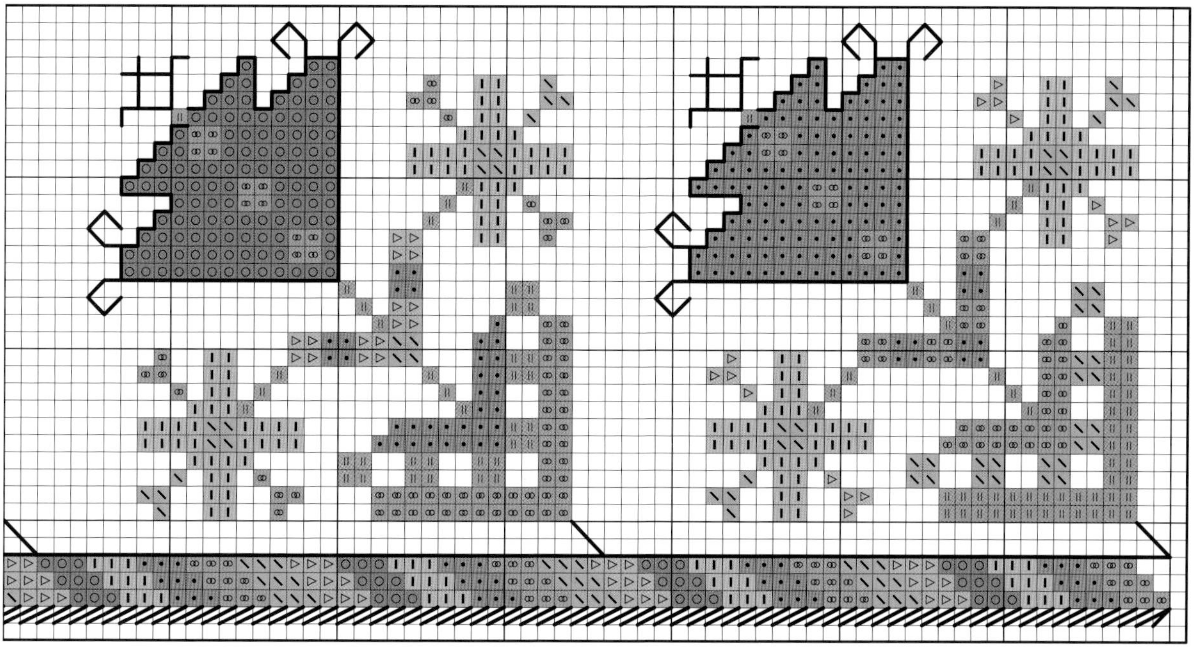

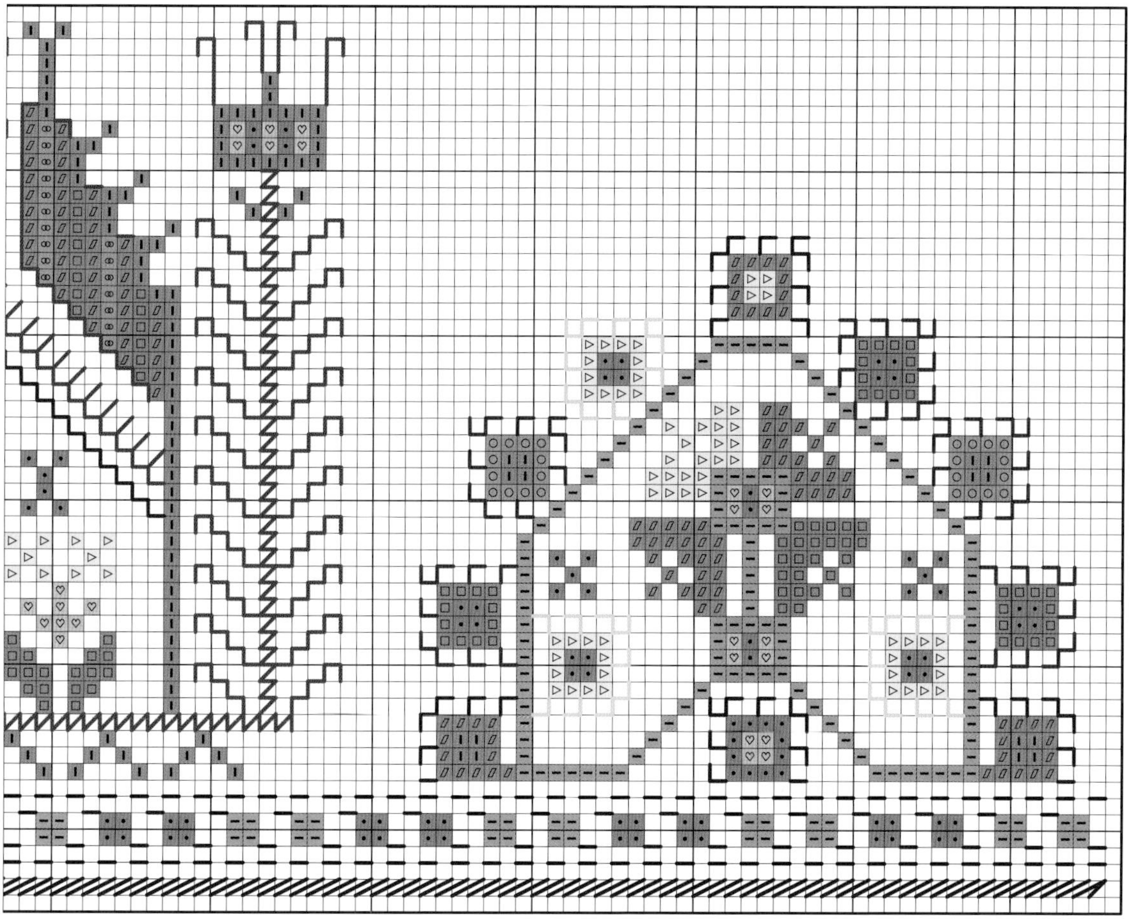

46

[写真 P.042]

ステッチ

1

使用糸

○ DMC 321番

• DMC 801番

49

[写真 P.044]

ステッチ

1

使用糸

- DMC 310番
- DMC 606番
- DMC 703番
- DMC 712番
- DMC 742番
- DMC 890番
- DMC 892番

50

[写真 P.045]

ステッチ

1 3 4 5

使用糸

- □ DMC 310番 ——
- △ DMC 792番
- ／ DMC 3325番
- • DMC 321番
- ◆ DMC 815番 ——
- ○ DMC 3347番 ——

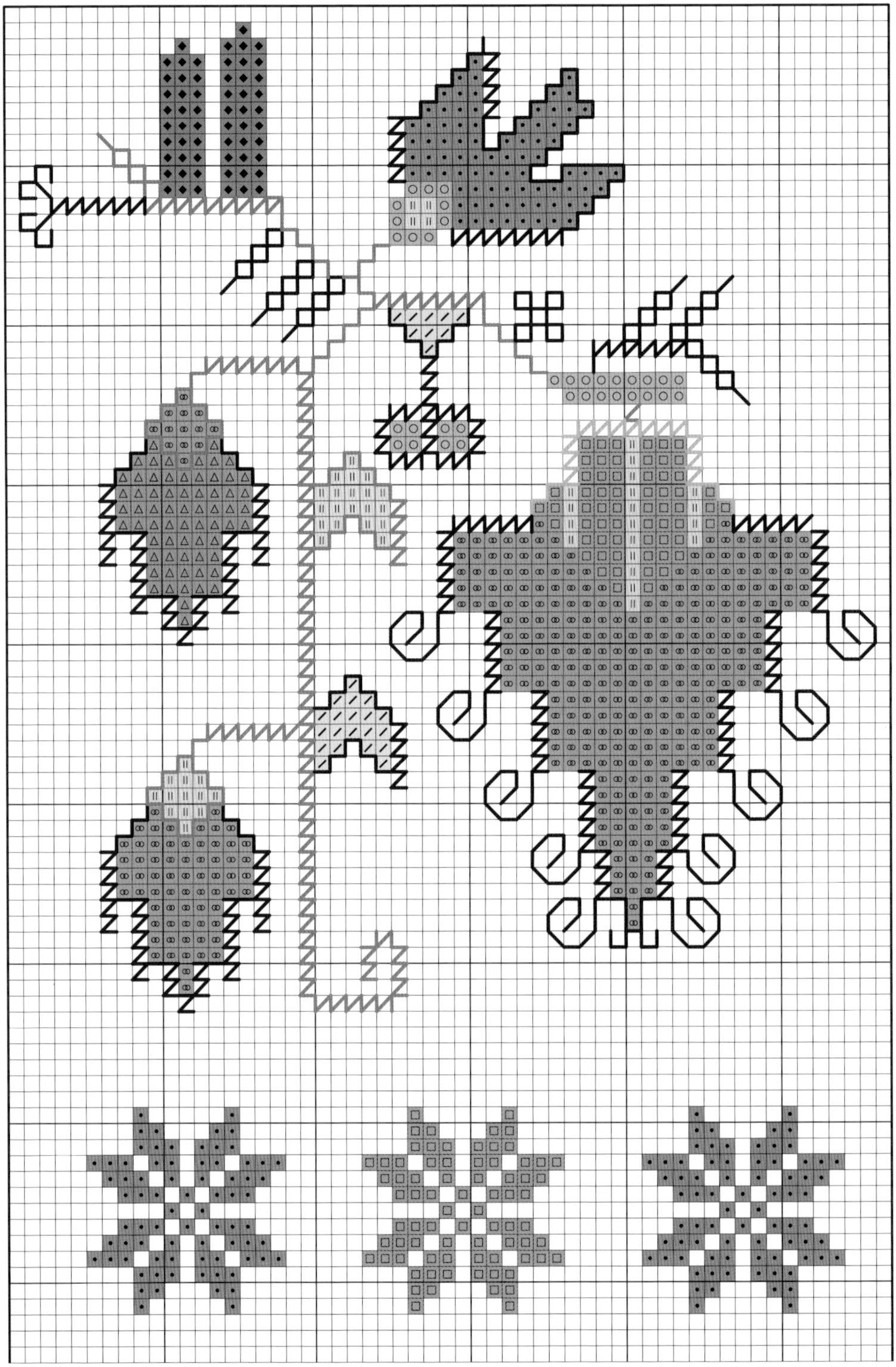

DMC 3835番

DMC D3852番

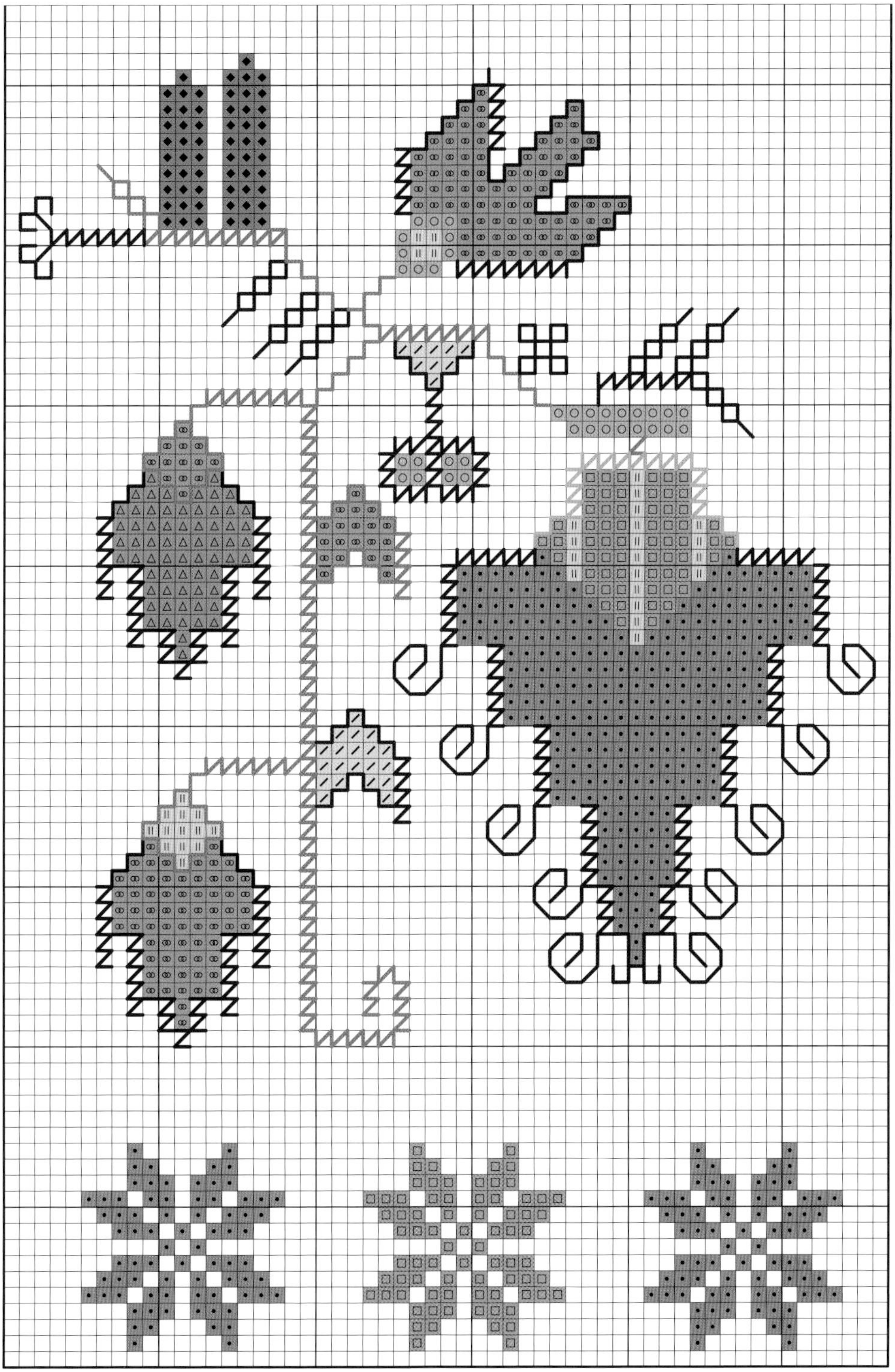

COVER

ステッチ

1 3 4

使用糸

- DMC 166番
- DMC 304番
- DMC 310番
- DMC 824番

EXTRA

おまけの図案

ステッチ

1 3 4

使用糸

- DMC 310番 ——
- DMC 728番
- DMC 817番 ——
- DMC 900番

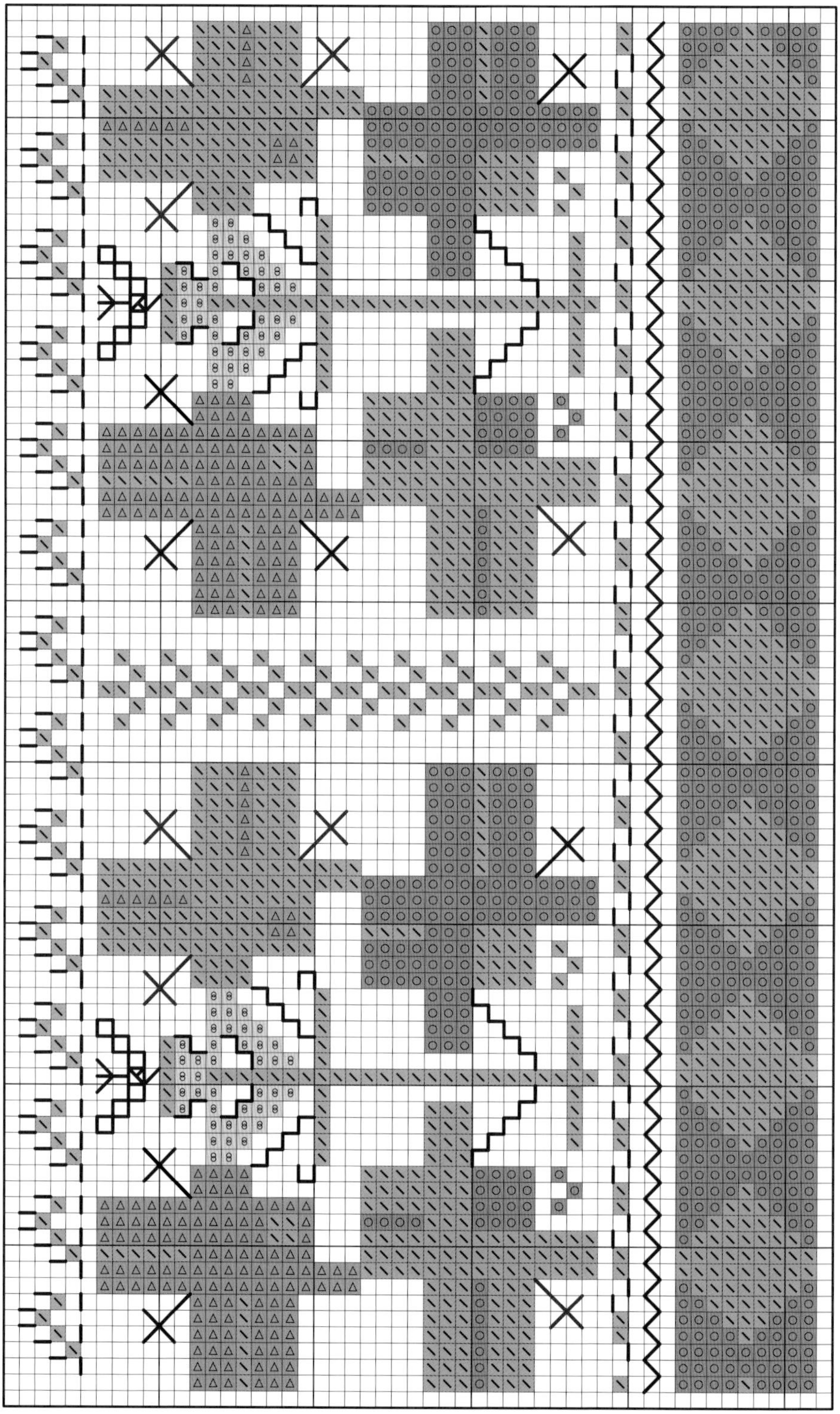

ステッチ

1 2 3 4

使用糸

- □ DMC 310番 ——
- • DMC 321番 ——
- ॥ DMC 742番
- ∞ DMC 793番
- ○ DMC 906番
- ♡ DMC 973番
- ● DMC 3852番

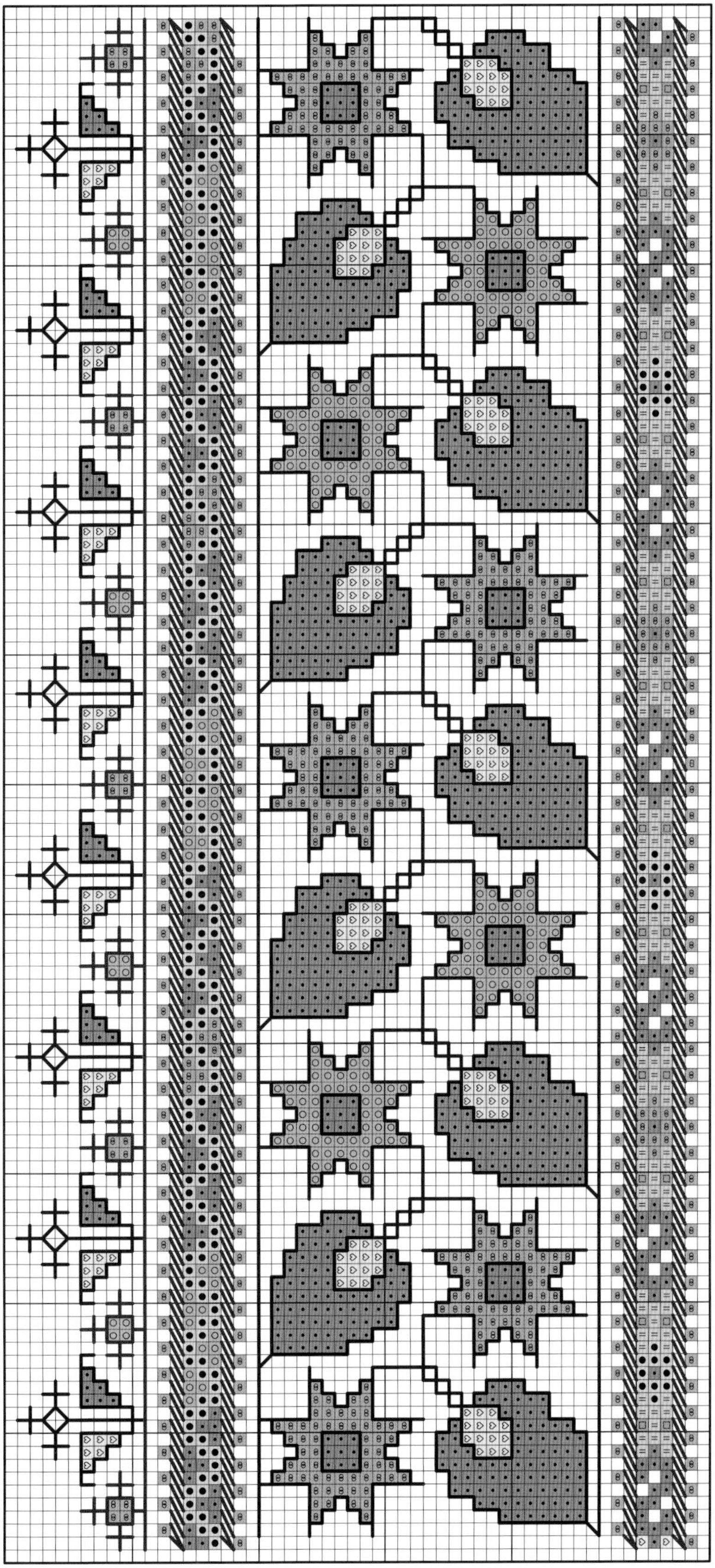

ステッチ

1 3 4

使用糸

- DMC 310番
- DMC 725番
- DMC 796番
- DMC 817番
- DMC 987番
- DMC 3805番

ステッチ

1 3 4

使用糸

- DMC ecru
- DMC 310番
- DMC 818番

山美イレン

Iren Yamami

1956年ブルガリアの首都ソフィアに生まれる。幼少期から、母や祖母、叔母たちから伝統工芸を教わりながら育つ。祖母は、ブルガリアの昔ながらの暮らしをしている世代だったため、本当の伝統的な生活について教わる。ユネスコで文化関係の仕事に就いたのち、1988年来日。1993年から、欧州の刺繍全般、またブルガリア刺繍を専門とする刺繍の教室を始める。教室の生徒たちとさまざまな展示会にも参加。2018年からは、ブルガリア大使館にてブルガリアの伝統文化と刺繍をレクチャーする刺繍教室を定期的に行っている。

【経歴】

1994年	マイ・フェバリ・ビルディング・コンテスト(イギリス)入選
1996年	Au Fill du Poitou「昔話コンテスト」(フランス)入選 フレームクラフト「四季」コンテスト(イギリス) 3位入選
1998年	『四季のクロスステッチ』(日本ヴォーグ社)出版 エリザベス女王2世クリスマスオーナメントコンテスト(イギリス)入選
2000年	風と共にシエナイタリアの展示会参加
2002年	International Art Exhibition UNESCO(上野国立美術館)参加
2011年	『世界のかわいい刺繍』(誠文堂新光社)ブルガリア部分　執筆
2012年	『Архаични символи в бродерията』ブルガリアにて出版
2016年	『ブルガリアの伝統刺繍』ブルガリア語、日本語、英語の3か国語版で出版
2018年	ブルガリア大使夫人の推薦により、 The Okura Tokyo (旧ホテルオークラ東京) 「International Garden Fair」参加
2021年	『東欧文化事典』(丸善出版)ブルガリア部分執筆

母が作った刺繍入りの洋服を着た、３歳の頃の写真。

みなさんがブルガリア刺繍を楽しんでくれますように。

山美イレン

Iren Yamami

ブルガリアに生まれ、結婚後に日本に住む。刺繍教室「エンブロイダリー羅美那」主宰。ブルガリアの伝統文化を次世代に伝えたいと全国で活動中。

Staff

ブックデザイン　高橋倫代
撮影　衛藤キヨコ
編集　佐々木素子
協力　ディー・エム・シー株式会社
https://www.dmc.com
日本ブルガリア協会

母《はは》から娘《むすめ》へ。赤《あか》い糸《いと》が伝《つた》える物語《ものがたり》

ブルガリア刺《し》繍《しゅう》

2021年4月9日　発　行　　NDC594

著　者　山美《やまみ》イレン
発行者　小川雄一
発行所　株式会社 誠文堂新光社
〒113-0033 東京都文京区本郷3-3-11
[編集] 電話 03-5805-7285
[販売] 電話 03-5800-5780
https://www.seibundo-shinkosha.net/
印刷・製本　図書印刷 株式会社

ISBN978-4-416-52144-1